*Traité Chimique contenant le Secret Surnaturel de la Pierre des Sages*

*suivi du Traité des Sels Enixes*

UNICURSAL

Copyright © 2018

**Éditions Unicursal Publishers**
www.unicursalpub.com

ISBN 978-2-924859-79-7

Première Édition, Lughnasadh 2018

# TRAITÉ CHIMIQUE
## CONTENANT LE
# SECRET SURNATUREL
## DE LA
# PIERRE DES SAGES

*Alexandre Séguier*
*(Ms Lo34 Bibliothèque du Museum de Paris)*

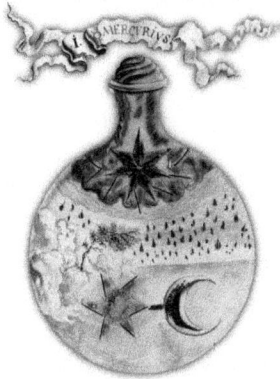

## SUIVI DU
# TRAITÉ DES SELS ENIXES

*Anonyme*
*(Ms 1027 Bibliothèque d'Orléans)*

UNICURSAL

# Table des Chapitres.

# Traité Chimique contenant le Secret Surnaturel de la Pierre des Sages.

### Alexandre Séguier.

### MS L034 Bibliothèque du Muséum.

L'œuvre dont nous traitons n'est ni vile ni vulgaire, puisque le ☉ et ☽ en sont les pères et mères, d'autant que c'est de ces deux matières qu'est engendrée le fils du ♃ uraire matière de cette digne Pierre. Mais pour y procéder physiquement il se convient réduire ces deux corps en leur première matière, savoir ♃ et ☿ qui est la génération et le sperme d'iceux, et lorsque tu auras fait cette Réduction, tu poursuivras comme il s'ensuit.

Au nom de Dieu tu prendras une once de ton ♃ Lunaire que tu incorporeras avec 3 onces de ☿ d'icelle, et 3 onces de ☿ commun bien purgé et nettoyé, et mettras le tout dans l'œuf des philosophes au fourneau physique, lui donnant le feu du premier degré, qui est la chaleur d'une poule qui couve ses petits, il faut continuer cette [2] chaleur tant que la matière soit noire comme charbon, et lorsque cette noirceur commencera à passer, augmentez le feu du second degré qui est une fois autant de chaleur, le continuant jusqu'à ce que la matière soit grise. Lors donnez le feu du 3ᵉᵐᵉ degré tant que la matière soit réduite en poudre fort blanche. Alors tu as la minière physique au blanc qui est le commencement de l'œuvre, laquelle se peut multiplier à l'infini avec le seul ☿ commun bien purgé, comme tu l'apprendras ci-dessous.

Ayant donc cette minière blanche tu la réduiras derechef en ☿ coulant duquel tu prendras 7 onces avec 1 once de ♃ solaire et mettras le tout dans l'œuf des philosophes au fourneau physique, lui donnant le feu du 1ᵉʳ, 2ᵉᵐᵉ et 3ᵉᵐᵉ degré ainsi que j'ai dit ci-dessus de la minière blanche, mais quand tu verras la matière blanche comme neige, fortifie le feu du 4ᵉᵐᵉ degré continuant [3] tant que la matière soit réduite en poudre rouge. Laquelle se peut multiplier à l'infini ainsi qu'il est dit de la minière blanche, et cela n'est pas un petit secret de connaître que cette œuvre physique s'augmente en force et quantité et vertu avec le seul ☿ vulgaire. Toutefois cela n'est autre chose que la préparation d'où il se convient tirer le ☿ triple et physique qui est le vrai embryon qui produit cette digne Pierre.

Il faut donc réduire cette minière rouge en ☿ comme il sera enseigné et saches mon bien aimé fils que c'est ici le grand secret caché. Car c'est le ☿ des ☿. C'est un hermaphrodite qui tenant des 2 natures n'a que faire d'autre compagnie que de celle de ses pères et mères, lesquels il mange et dévore pour les rendre plus parfaits. C'est pourquoi les envieux l'ont nommé le dragon dévorant, lion ravissant et d'autres serpent volant, et moi je l'ai nommé le fils du ♀, d'autant [4] qu'il est un feu consumant tout ce qui est mis au-devant de lui, et réduit tous les corps métalliques en sa nature et propre substance. Par là vois que cette matière n'est pas simple, donc pour la mener à sa perfection tu y procéderas comme s'ensuit.

Avec la bénédiction de la très sainte et indivisible trinité, tu prendras le ☿ de vie duquel tu en mettras 7 onces avec une part de sa terre, c'est l'or qui demeurera au matras après qu'on en a tiré le ☿ lequel or est en forme de chaux ou terre, qui est sa minière rouge. Et lui ayant fait manger sa mère, tu le mettras dans la prison des philosophes, et l'ayant bien fermé tu n'y toucheras en aucune façon. Et tu lui donneras une chaleur aérée et vigoureuse, laquelle toutefois n'excédera pas celle du soleil lorsqu'il est sur notre horizon, et tu verras dans ton verre monter et descendre par grosses gouttes sur la terre, ce qui fait dire à un sage ancien [5] mais fort à propos, que la terre s'arrose toujours de sa propre humidité ou eau. Ainsi tu continueras cette chaleur, jusqu'à ce que le mère est mangé son enfant, c'est-à-dire que le terre ait bue sont eau, ou pour mieux dire que le Dragon soit mort et que sa chape locus ou matras se soit tout rempli de noir, et que tu entende la voie du corbeau, noyé dans la noirceur, lequel crie de cette façon aidez moi, je t'aiderai et comme tu me feras, je te ferais. Alors tu augmenteras le feu du second degré tant que après la noire apparaisse dans ton verre le paon de diverses couleurs. Lesquelles étant passées ta matière demeurera grise et lors donne le feu du $3^{ème}$ degré, le continuant tant que la matière soit blanche comme neige. Alors tu auras cette divine pierre au blanc. Lors fortifie le feu du $4^{ème}$ degré le continuant tant que la matière soit Rouge comme une escarboucle fort haute, et alors sortira [6] de sa sépulture notre grand Roi, enfermé avec sa couronne d'or luisante et sa tête toute couverte de lauriers triomphant des dépouilles de ses ennemis, exalté par-dessus tous les confrères, leurs communiquant les fruits de ses conquêtes pour les rendre semblables à lui.

Alors mon cher fils tu as cette grande et universelle médecine, laquelle guérit promptement toutes les infirmités du corps humain et transmue tous les métaux imparfaits en vrai or meilleur que le minéral. C'est de quoi tu rendras grâce à Dieu de t'avoir élargi un si grand bienfait, t'adjurant au nom du Père de l'univers qui te l'a donnée de ne la communiquer à aucune âme vivante, sinon à ceux que tu connaîtras avoir reçu cette même grâce, espérant en Dieu que tu te rendras capable de ce divin ouvrage en prenant garde à tous les avertissements qui te sont proposés en cette présente épître. Et sur cet espoir je t'enseignerai ici suivant la manière [7] qui est ☿ et le moyen de réduire tous les corps en leurs premières matières, ensemble tout ce qui est requis et nécessaire de savoir et l'opération de cette sacrée médecine, priant Dieu mon cher enfant qu'il lui plaise te diriger en toutes ses voies et te donner sa sainte bénédiction comme je te la donne au nom du Père et du Fils et du Saint Esprit. Amen

## La vraie manière de réduire la ☽ en ♁ et sa ☿ première matière.

Tu prendras 8 onces de ☽ de coupelle, lesquelles tu feras laminer pour les dissoudre dans un esprit de nitre bien rectifié et lorsque tu verras la ☽ bien dissoute en une eau fort claire, jette dessus dix fois autant que pèse ta dissolution, d'eau commune distillée, dans laquelle ait été dissout dix onces de ⊖ commun fusible et la lune tombera au fond du vaisseau en forme de maton à faire fromage. L'ayant bien agité tu la laisseras reposer [8] 24 heures afin qu'il ne demeure point de ☽ dans l'eau, laquelle étant bien claire, tu la verseras doucement dehors et prend bien garde de troubler ladite eau crainte de perdre de la ☽. Et quand tu auras versé toute cette eau dehors tu y remettras encore d'autre eau distillée mais sans aucun ⊖, car c'est pour dulcifier ladite lune. Par quoi il faut continuer ce lavement si longtemps qu'elle n'ait plus d'acrimonie, ni corrosion. Lors tu la sécheras tout doucement sur les cendres, la tenant couverte afin qu'il n'y tombe aucune ordure, et quand elle sera bien séchée, tu l'imbiberas de bonne huile de tartre, laquelle tu dois faire toi-même. Et la matière étant bien imbibée, tu la feras sécher doucement, mais en sorte que la chaleur vienne par-dessus. Et quand elle sera bien sèche, tu la broieras tant qu'elle soit impalpable, puis imbiberas derechef, et la feras sécher et broieras comme ci-devant, réitérant, imbibition et dessiccation et broiement, jusqu'à ce que la matière ne voudra plus [9] sécher ni recevoir de ladite huile. Et alors tu mettras toutes les matières dans un matras, lequel ne soit que à moitié plein, et l'ayant bien sigillé, tu le mettras en digestion au B.M. ou dans le fient de cheval, l'espace de 17 jours, au plus remuant de deux jours en deux jours. Et quand ta matière sera bien digérée, elle sera en forme de moutarde. Alors tu la mettras distiller dans un fort vaisseau de verre, et lorsque toute l'humidité en sera sortie, tu lui donneras feu de sublimation, en augmentant le feu petit à petit, jusqu'à ce que tu voies le ☿ de la lune monter dans la tête de l'alambic. Continue le feu tant qu'il ne monte plus rien. Alors tu tireras ledit et l'amasseras avec une plume. Gardant bien qu'il n'ait de l'air tu le mettras dans un vaisseau de verre bien clos qu'il n'y respire rien, et le garderas pour t'en servir au besoin.

Après tu prendras ce qui est resté au fond du vaisseau sublimatoire et le broieras très subtil, puis tu l'arroseras d'eau de [10] sel ✳ armoniac, puis tu remettras ta matière au feu bien chaud l'espace de 3 semaines, la remuant de deux jours en deux jours comme il est dit ci-dessus. Et quand ta matière sera bien digérée, tu en tireras l'humidité tant qu'elle soit bien séchée, puis la pulvériseras et fera dissoudre dans le menstrue qui est un dissolvant ainsi appelé que je te dirai ci-après. Et lorsque la matière sera bien dissoute, tu retireras l'eau par distillation, puis la cohoberas encore deux fois sur la matière avec du nouveau menstrue, lequel tu reverseras toujours comme devant. Et quand ta matière sera bien sèche, tu la mettras en poudre et la dissoudras dedans de l'eau commune toute bouillante, de façon qu'elle soit comme une sauce épaisse, et lors avec une spatule de bois tu la battras tant que tu voies apparaître les grains de ☿ en grande quantité. Lors tu mettras de nouvelle eau chaude et battras et agiteras jusqu'à ce que la matière soit toute convertie en ☿, lequel tu mettras [11] avec trois fois son pesant de fer, broyant le tout ensemble, tant qu'il ne paraisse plus de ☿, puis ce faites distiller à grand feu dans une retorte ou cornue de bonne terre, et quand ton ☿ sera passé, tu le laveras bien avec sel et vinaigre, tant qu'il ne reste plus aucune noirceur. Lors tu auras le ☿ de ☽ bien préparé pour ton œuvre.

Le mercure commun se prépare de même façon en le distillant trois ou 4 fois sur la limaille de fer afin de le mieux dessécher.

## Comment faire le sel fusible.

Prenez tel quantité de 🜔 commun que voudrez avec son pesant de chaux vive, laquelle n'ait point senti d'eau, et ayant le tout bien pulvérisé et mêlé ensemble, tu le mettras dans un pot bien couvert au four du potier lorsqu'il cuit ses pots. Et quand ta matière sera bien calcinée, tu en feras une lessive avec de l'eau de pluie distillée, laquelle tu filtreras et évaporeras, et auras [12] ton sel au fond ou vaisseau, lequel tu sècheras et mêleras derechef avec son pesant de nouvelle chaux vive, et feras ainsi que dessus, continuant cette ouvrage jusqu'à 5 ou 6 fois. Et quand ton sel est ainsi préparé, tu le dissoudras dans du fort vinaigre distillé, le cohobant jusqu'à ce que le sel ne veuille plus sécher et qu'il demeure fondu au fond comme de la cire. Tu le garderas dans un vaisseau de verre bien fermé pour t'en servir à précipiter la lune.

## Comment faire le dissolvant ou menstrue pour tirer le ☿ de la lune.

Prends six livres de bon tartre de vin blanc et le faites calciner, qu'il soit fort blanc. Puis le dissolvez dans de bon vinaigre distillé. Etant dissout tu le filtreras puis retirera ton vinaigre par distillation, et quand le tartre sera sec, tu le dissoudras derechef avec du nouveau vinaigre distillé, et sans le filtrer d'avantage tu [13] distilleras derechef le vinaigre et continueras cette distillation et dissolution toujours avec de nouveau vinaigre, jusqu'à tant que ledit vinaigre en ressorte aussi fort comme tu lui as mis. Car au commencement il sort sans aucune force d'avec le tartre, lequel étant ainsi bien empreint de l'esprit du vinaigre tu en prendras une partie que tu mettras sur un marbre dans la cave pour en tirer l'huile pour imbiber la chaux de ☽, et l'autre partie tu la mettras avec son pesant d'alun calciné, et tu feras distiller à grand feu comme l'on fait l'huile de ♁, puis le rectifieras très bien et garderas pour ton usage. Mais garde que cet esprit ne s'évente.

## Comment réduire la minière blanche en ☿.

Prenez 8 onces de la minière blanche et imbibez d'huile de tartre susdit et quand elle sera bien imbibée, tu pulvériseras et l'arroseras d'eau de ✳ [14] et la mettras en fient l'espace d'un mois, puis jetteras de l'eau bouillante dessus pour en tirer le ☿, ainsi qu'il a été dit et fait de la ☾. L'eau de ✳ se fait en le sublimant et le résoudre à la cave, puis filtrer.

## Pour tirer le 🜍 du Soleil.

Prenez dix onces de fin or passé par ♄ et le faites dissoudre dans une bonne eau Régale, tu feras aussi dissoudre dans de l'eau forte autant de ☿ commun, et le tout étant bien dissout du joindras les deux dissolutions ensemble et ton or se précipiteras au fond du vase. Lors tu verseras l'eau dehors par inclination, puis laveras très bien ton or avec de l'eau de pluie distillée tant qu'il n'y ait plus aucun corrosif. Puis tu prendras ton or avec trois fois son pesant de ☿ sublimé et ayant bien broyé le tout ensemble tu le feras sublimer et le ☿ montera en haut et l'or demeurera au fond, [15] lequel tu retourneras trois fois broyé avec du sublimé et le feras derechef monter, et continueras cette sublimation tant que ton or soit fort rouge. Lors tu l'arroseras avec une bonne once d'huile de tartre, puis verseras dessus 2$^u$ de fort vinaigre distillé trois fois et le mettras en digestion tant que ton vinaigre soit fort rouge, lequel tu verseras doucement par inclination et remettras de nouveau vinaigre sur ton or, réitérant cette opération tant que ton vinaigre ne tire plus aucune couleur, et que ton or soit en poudre grise au fond du vase. Lors tu prendras tout ce vinaigre rouge et le distilleras doucement au B.M. et quand tu auras retiré tout ton vinaigre, tu trouveras au fond de la cucurbite ton soufre d'or, lequel tu laveras très bien avec de bon esprit de vin. Et après qu'il sera bien lavé tu y mettras de nouveau esprit de vin et y mettras le feu dedans afin [16] de brûler le corrosif qui y pourrait être. Et ainsi tu as le ♀ du Soleil bien préparé que tu garderas bien nettement et bien fermé de peur qu'il n'ait de l'air et t'en serviras à son usage.

## Pour réduire la minière rouge en ☿.

Prenez 8 onces de la minière rouge et la faire dissoudre dans une bonne eau Royale, et quand le tout sera bien dissout en eau claire, tu retireras l'eau par distillation dans le B.M. à chaleur lente. Et l'ayant retiré tu cohoberas la matière jusqu'à trois fois avec la même eau, et la troisième fois tu ne retireras que le simple flegme, en telle manière qu'il demeure la moitié de ladite eau avec la matière, laquelle tu mettras dans une cave humide, si longtemps que la matière tombe toute en cristaux, lesquels étant desséchés, tu remettras de nouvelle eau Régale dessus et feras comme dit est, et trouveras des cristaux tirant [17] sur le jaune, lesquels tu arroseras avec de bonne huile de tartre, et les mettras putréfier en digestion par dix sept jours. Puis tu prendras 8 onces de sel de tartre bien purifié, lequel tu dissoudras dans le flegme que tu a tiré de dessous la matière, laquelle dissolution tu mettras avec la matière et feras distiller le tout à feu de sable, le cohobant tant de fois que toute la matière monte avec l'eau, excepté le sel. Après prends cette eau et la faites distiller jusqu'à la moitié, puis tu prendras le reste que tu mettras dans la cave pour le faire tomber en cristaux que sècheras et mêleras bien avec sel de tartre, sel d'urine, sel alkali ou soude et sel de ✳ chacun 4 onces. Et tu mettras le tout en putréfaction 40 jours au B.M. puis tu ajouteras demi livre de tartre calciné et feras sublimer le tout ensemble. Et tes cristaux sublimeront, lesquels tu revivifieras avec du vinaigre [18] à la manière que tu as fait de la minière blanche en clair et coulant comme le vulgaire.

Voila ci-après la forme du fourneau et du vaisseau pour la préparation de cette médecine universelle.

Notes que les dites préparations se peuvent faire en toutes sortes de fourneau, c'est pourquoi on en désir point de particulier pour icelles, mais cette digne Pierre se peut seulement faire dans un vaisseau et fourneau dont la forme s'ensuit.

Premièrement notre fourneau physique doit être de trois pieds de hauteur, y compris sa couverture, et environ un pied et demi de largeur par dedans sa concavité qui doit être ronde et bien lutée afin qu'il ne s'y fasse aucune crevasse, mais qu'il demeure toujours bien uni par dedans, afin que l'air du feu fasse mieux son opération. [19] Il faut aussi que ledit fourneau soit bien épais afin de bien contenir la chaleur. Il faut aussi que le foyer où l'on fera le feu, soit vouté en la façon d'un four où l'on cuit du pain, et au milieu de la voute il faut qu'il y ait un trou rond large de trois doigts pour mettre les registres ou degrés qui gouvernent le feu, ainsi qu'il sera nécessaire de diminuer ou d'augmenter. Et dessus le trou il y doit avoir un trépied de fer sur lequel sera porté un instrument de cuivre, dans lequel sera le vaisseau qui contient la matière. Ledit instrument doit être de deux pièces, mais qui joignent si bien l'une dans l'autre qu'il n'y puisse entrer aucune fumée. La pièce d'en haut dudit instrument sera en façon d'une cloche. Il y aura un trou pour passer la main dans le fourneau au-dessous du trépied pour tirer les registres et hausser la chaleur quand besoin sera. Et au-dessus du trépied un [20] autre trou pour voir les couleurs qui apparaitront dans la matière pour changer suivant icelles les degrés du feu. Ainsi qu'il a été dit le vaisseau qui contient la matière doit être de verre bien clair et bien net, ainsi que tu verras marqué à la lette A en forme d'un œuf. Les trois pour voir la matière dans le fourneau sont marqués par B. L'instrument de cuivre est marqué par C. Les Registres du fourneau par D. Le trou pour tirer les Registres par R. Le trou pour mettre le feu par F. Celui pour tirer les cendres par G. Et la couverture du fourneau par H. La grille où sont les charbons par I. Le sable dans le vaisseau de cuivre sur quoi est posé le vaisseau de verre par M. Les petits registres pour donner air au fourneau par N. Le dedans du fourneau ou circule le feu par K. Le trépied par L. [21]

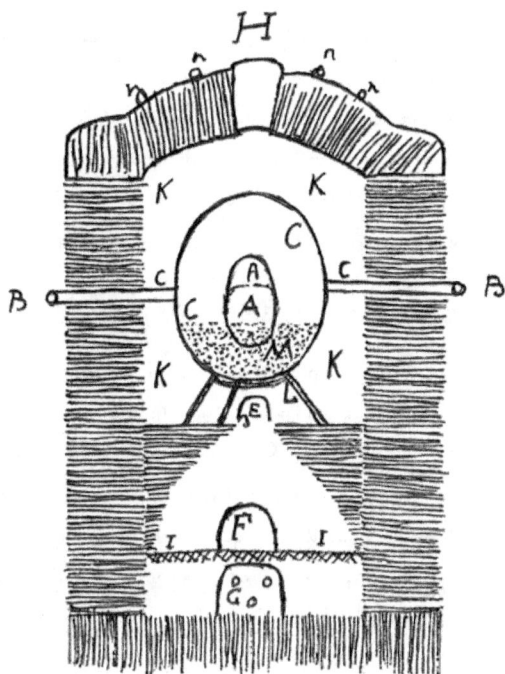

## Minière très véritable.

℞ 3 part de ☿ purgé et autant de ☽ de coupelle et en faites un ⫶ avec une part de ♀ ♂ ♄ et mettez le tout dans l'œuf philosophal au fourneau physique. Puis donnez le feu du premier degré jusqu'à ce que la matière soit noire, puis donnez le feu du second degré jusqu'à ce qu'elle soit grise, puis donnez le feu du troisième degré jusqu'à ce qu'elle soit blanche, puis donnez le feu du 4ᵉᵐᵉ degré jusqu'à ce qu'elle soit rouge comme cinabre. Et alors l'impur est devenu pur, le volatil fixe et le ☿ s'est accoutumé à souffrir le feu par des degrés physiques et a pris la qualité du soleil dans le vrai soufre ♂ ♄ qui en a la teinture et la fixité.

## Manière de tirer le soufre ♂ ♄.

℞ ♄ cru en pierre bien transparent tirant sur le vert et le mettez en poudre impalpable et le faites dissoudre dans l'▬ de ⊕, puis étant dissout distillez pour retirer l'▬ jusqu'à siccité, puis reversez sur ledit ♄ de l'▬ de ⊕ qu'il surnage de trois doigts, et mettez en digestion à feu doux et l'▬ se chargera de la teinture qui est le ♀.

Puis versez cet ▬ ainsi coloré et en remettez d'autre tant qu'il ne teigne plus. Puis faites distiller jusqu'à siccité et vous aurez le vrai ♀ ♂ ♄. [23]

## Pour rectifier ledit ♀ ☽ ☿.

℞ de l' ♈ Rectifié par le sel de ♄, mettez-le sur notre dit ♀ ☽'☿ en digestion l'espace de 48 heures, il se formera une terrestréité au fond du vaisseau que vous séparerez de ce qui sera dissout. Vous prendrez cette liqueur que vous distillerez ou filtrerez, et vous aurez un vrai soufre tingent et fixatif.

## Manière de fixer et rendre fusible le ♀ ☽' ☿ pour en faire une teinture réelle au plus haut carat.

℞ ☊ d'olive 3ⁱⁱ et y faites dissoudre six onces de sel alkali, puis faites boire cette ☊ à de la chaux vive, puis mettez dans une cornue et distillez comme ♈ et l'☊ qui sera distillée faite la reboire à de nouvelle chaux et refaites distiller, réitérez 3 fois et vous aurez une ☊ qui fixera le ♀ ☽'☿ et le rendra fusible, le faisant dissoudre dans ladite huile et les faisant distiller, et vous aurez une poudre de projection qui teint la ☾ au plus haut carat.

En cimentant la ☾ comme s'ensuit elle se fixe et se teint à 24 carats à toutes épreuves.

℞ ☿ et faites régule avec ☉ et ♄ ana, y ajoutant 4 ℥ de limaille de ♂ et 4 ℥ d'aes ustum. Le régule étant fait prenez les fèces, pulvérisez-les et faites bouillir en eau [24] commune, puis filtrez ♈ à siccité et vous aurez un sel ☽'☿ que vous rendrez fixe comme nous avons fait le ♀ et en cimenter la lune de coupelle par 12 ou 14 ⚔ de feu de roue. Réitérant 3 fois et coupellant votre ☾ pour la purifier, elle sera rétrécie au poids et au volume de l'or purgé de son humide, souffrant l'eau forte et l'♂, et projetant dessus de votre ♀ d'♂ joint avec son poids de sel d'♂ partie égale de votre dite ☾ que de vos poudres, elle reste fixée en bon ☉ à 24 carats, à toutes épreuves.

Votre minière se multipliera à l'infini en ajoutant à la poudre son poids de ☿ et donnant les quatre degrés de feu comme dessus, et pour réduire en corps ladite poudre, fondez-la avec son double poids d'♂ cru, lequel ayant fait ♑ vous retirerez aisément votre dite poudre en soleil véritable à toutes épreuves et au plus haut carat. [25]

## Fixation du ☿ de ♄ en bon soleil à toutes épreuves un poids sur 70.

℞ ♂ minéral la quantité qu'il vous plaira et le mettez en poudre fort déliée dans une terrine vernissée, et le mettez a △ doux, remuez l'♂ avec une spatule de bois pour que l'♂ ne fonde. En 3 heures l'♂ viendra de couleur de cendre et sera purgé de son humide.

℞ une livre de notre ♂ ainsi préparé et en faites régule avec 12 ℥ de ♁ est autant de ♀, rectifiez les 2 fois avec la même dose de ♀ et ♁, et il sera purgé de son soufre combustible.

℞ Votre Régule et le mettez en poudre, puis mettez-le dans de petit matras lutés hermétiquement, que les deux tiers des matras soient vides et qu'il n'y ait qu'une once de poudre dans chaque matras, mettez tous vos matras au feu d'athanor tant que la poudre passe par trois couleurs, la 1$^{ère}$ sera gris blanche, la 2$^{ème}$ rousse et la 3$^{ème}$ rousse étincelante. Pour lors cassez tous vos matras et mêlez vos poudre et les serrez en lieu sec pour vous en servir.

Faites ▽F de six livre de ☉ et 12$^{lt}$ de ⊕ et distillez *secundum artem*, faites sublimer une livre de ☿ commun avec 5$^{lt}$ de ⊕ et 4 ⚹ de sel gemme et deux livres d'alu, calciné. [26]

Faites dissoudre votre sublimé ci-dessus dans notre eau forte et quand il sera dissout, mettez-le dans un matras bien sigillé au **MB** durant 12 jours puis distillez et cohobez jusqu'à 8 fois et votre sublimé passera en ▽ ☿$^{lle}$.

℞ 3 ⚹ de notre ▽ ☿$^{lle}$ et une once d'☉ et les mettez dans un matras.

℞ encore 3 onces de ▽ ☿$^{lle}$ et une once de votre régule préparé et le mettez dans un autre matras.

℞ encore 3 onces d'▽ ☿$^{lle}$ et la mettez dans un matras avec une once de ☿ de ♄ purgé comme il s'ensuit. Mettez vos trois matras au feu de cendre pour faire dissoudre vos matières, lesquelles étant dissoutes, vous joindrez vos trois solutions dans un bon matras que les deux tiers soient vides. Sigillez-les hermétiquement et mettez au **MB** l'espace de 8 jours, puis distillez au △ de cendres et cohobez 7 fois, le tout passera en ♁ et sera ♁ de ☉, de ☿ de ♄, et de ☿ commun.

℞ 3 onces de cette ♁ deux ☿ d'♁ de ⊕ et 3 onces de ☿ de ♄ purgé, mettez le tout dans un matras à long col au △ d'athanor ou ⚶ doux comme digestion jusqu'à ce que le tout soit desséché, ce qui se fera en 5 jours et vous aurez une poudre de couleur de pavot un peu plus obscure, que vous garderez soigneusement en lieu sec. [27]

## Manière de fixer le ☿ de ♄.

℞ 70 ☿ de ☿ de ♄ et non d'autre, mettez le dans une terrine avec une once de votre poudre, ⨯ les bien ensemble et les mettez dans un grand ✝ couvert d'une plaque de ♀ qui entre un tant soit peu dedans, lutez le bien d'un tuileau et le mettez au feu de roue fort petit pendant une demie heure, et l'approchez l'espace d'une autre demie heure. Vous aurez un fourneau allumé tout prêt dans lequel vous mettrez votre ✝, et soufflerez pour rendre le △ bien ardent, laissant ainsi la matière en fusion pendant 2 heures. Laissez refroidir le ♆ et la matière sera comme régule, laquelle coupellerez et aurez 71 ☿ d'☉ fin au plus haut carat, meilleur que celui des mines.

## Purgation du ☿ de ♄.

Il faut prendre votre ☿ de ♄ et le bien laver avec sel commun et 🜔, puis le relaver avec de l'eau claire et le faire passer dans la cornue réitérant par 7 fois. Il sera purgé et aura quitté son humidité terrestre.

## Observation à faire.

À la cuisson du régule il faudra au commencement fort petit feu.

Pour la couleur grise blanche elle se fera en 4 jours, continuant un peu plus fort le feu la couleur rousse se fera en trois jours. [28]

Pour la dernière elle ne se peut faire qu'en 8 jours, car il ne faut pas faire le feu plus fort que la seconde couleur, et vous verrez l'opération se faire d'elle-même sans peine.

Pour gagner du temps vous pouvez préparer toutes vos drogues pour les cuire en même temps.

J'ai fait cette opération en 45 jours, mais un bon artiste la peut faire en 4 semaines. Il faut observer que tous les vaisseaux soient bien lutés.

Cette même poudre se projette aussi sur la ☾ et la convertit en fin ☉ à toutes épreuves, un poids sur 50 en la préparant comme s'ensuit.

## Préparation de ☾.

Il faut cimenter la lune en grenaille avec cailloux de rivière calcinés ou pierre à fusil, par 3 heures, puis fondre ladite ☾ et projeter un poids sur 50 et sera bon ☉ à toutes épreuves.

## Mercure de ♄.

℞ 20 livres de ♄ d'Angleterre et ½ᵘ de ♃ aussi d'Angleterre, le tout en morceau et le mettez dans une cornue de grès et non de verre, qui soit bien lutées et y adaptez un récipient que le col soit court, que les deux tiers soient plein d'eau de pluie. Donnez-lui le feu par 10 heures, doux au commencement et continuant par degré qu'il soit très fort à la fin. Vous aurez trois livres de ☿ qui coulera dans le récipient, et dans la cornue qu'il faut verser toute rouge, vous aurez 4 livres d'étain fin, le reste sera en crasse et méchant plomb. [29]

## Horloge chimique.

Faites rougir sur les trépieds une poêle de fer neuf, et mettez dedans 2 livres de ♄ lequel étant en bonne fusion vous jetterez dedans peu à peu de bon ☉ en poudre, et il se fondra. Vous ne remuerez point, ni le ♄ ni la poêle tant que la moitié du ☉ soit consommée. Si le feu y prend cela ne nuit point à l'œuvre. Plus le salpêtre est recuit, plus l'☉☉ est forte. Laissez le tout refroidir, puis séparez le ♄ du ☉ et le mettez bien pulvérisé résoudre à la cave. Versez cette liqueur peu à peu sur son double poids d'🜊 qui sera dans un ♏, distillez à douce chaleur, et broyez ce qui sera dans la ♏, lequel ferez résoudre comme ci-dessous, puis le mettez dans un ♏ avec l'🜍 par-dessous, et réitérez les dissolutions et cohobations tant que le ☉ reste au fond de l'♏ réduit en ⚬⚬, qui ne se congèlera plus, et vous aurez le baume fixé.

Faites 🜍 de ☉⊕ desséché et alun de roche, mettez dans le récipient avant de l'adapter à la cornue vert de gris, limaille d'acier, et ◇, tutie et ♎ ana ½ ℥ selon la quantité d'eau que vous que vous voulez tirer, remettez cette eau imprégnée de ces drogue sur les fèces, et repassez une seconde fois.

Dissolvez une ℥ de ☽ dans 3 once de cette ▽ et distillez goutte à goutte, une de votre ⚬⚬ de ☉, [30] mettez le tout dans des vaisseaux de rencontre, lesquels ne doivent être qu'à demi pleins, il faut que les jointures soient bien lutées. Mettre vos vaisseaux à feu de cendre, à la hauteur de cinq pouces, autant que la matière soit enfoncée de la hauteur d'un pouce dedans lesdites cendres. Donnez le feu de lampe qui soit trois doigts plus bas que la matière. Il se fixera tout les jours le poids d'un gros de votre ☽ en ☉ et quand tout sera fixé de jour en jour l'▽ qui auparavant était verte comme émeraude, deviendra claire comme ▽ de fontaine.

## Minière à l'infini.

℞ une once de ☾ en grenaille et la faites tremper dans l'▽ rose par 12 heures, puis après faites tremper dans du ☿ purgé, il faut chauffer le ☿ et la ☾ sur la cendre à petit feu, que le ☿ pénètre la ☾, car il faut que le corps s'ouvre.

℞ Les grenailles et les rompez entre les doigts pour voir si le mercure a pénétré, cela étant il faut essuyer la lune avec un linge, puis la dissolvez avec 16 parties d'▽ philosophale, puis mettez dans la retorte. Distillez et cohobez 4 fois puis changez l'eau, distillez [31] et cohobez 3 fois, puis remettez l'▽ et mettez au ventre de cheval par 8 jours, puis distillez au **℔** et il vous restera votre ☾ en ⁚⁚ verte, qui est le vrai levain ou greffure pour fixer de 4 jours en 4 jours le double de son poids de ☿ à l'infini.

Mettez dessous l'⁚⁚ de l'÷⋎÷ pendant 24 ♐ et ♇ l'÷⋎÷ puis 4 parts de ☿ et le mettez cuire dans un vaisseau et de 4 en 4 jours remettez y son double de poids de ☿.

Il faut mettre votre vaisseau en un fourneau bien clos qui soit en la forme d'un baril. Quand votre vaisseau sera assez multiplié avec le ☿, il faut le casser et en fondre ce que vous voudrez et vous multiplierez ce qui vous restera à la manière ci-dessous et ainsi vous aurez une minière à l'infini.

## Œuvre sur l'or.

Fondez de l'antimoine en un pot et l'éteignez par 18 fois dans du 🜍, il faut changer de vinaigre toutes les 3 fois, et à chaque livre de 🜍 il y faut une 🜊 de ⊖ de 🜔, éteignez en ce même 🜍 des lamines de ♂ minces et fort rouge, réitérant 15 fois, et elles deviendrons blanches comme fine ☾ et malléable comme ♄.

Fondez ensemble 4 gros d'or 14 gros de ♀ [32] et 3 onces de vos lamines de ♂, le tout étant en fusion, jetez dessous les en lamines, lavez les avec 🜍 et saupoudrez-les dessus et dessous avec du ✱ et les mettez dans une écuelle de terre sur 2 petits morceaux de bois pour qu'elle soit suspendue en l'air.

Laissez ainsi cette matière en lieu humide l'espace de 3 jours, et il viendra dessus des fleurs de toutes couleurs, que vous ferez tomber dans l'écuelle avec une spatule de bois. Réitérez à laver et saupoudrer vos lamines jusqu'à ce qu'elles soient toutes réduites en poudre et fleurs.

℞ toutes ces fleurs et les sublimez 12 ☿, réunissez ce qui sera sublimé avec ce qui ne l'est pas, refaites sublimer jusqu'à 8 fois.

℞ du ✱ et le sublimez avec ana de 🜨 réitérez la sublimation 4 fois, remettant à chaque fois de nouveau 🜨 et vous aurez un ✱ rubifié.

Vous prendrez de ce sel ✳ et vos fleurs sublimées ana, et ferez sublimer 4 fois, le tout demeurant fixe et fusible.

℞ votre matière et la mettez au ventre du cheval et elle se résoudra en ▽, congelez cette ▽ à △ lent et vous aurez une poudre de laquelle vous prendrez une ♄ 2 gros et la projetterez sur 2 onces 6 gros de ☾ fondue avec 2 gros de ☉ calciné avec ⊖ décrépité, [33] fondez le tout ensemble, et vous aurez 3 onces 2 gros de ☉ à toutes épreuves.

Cette œuvre a été 2 mois ½ à faire et à réussi à la quatrième ci-dessous.

## Fixation de ☾ aux épreuves de l'☉.

℞ ♃ vif et cuivre ana 1ᵘ, ✳ 4♄ mettez le tout en ☿, puis vous jetterez dessous demi septier d'∴v∴, après vous distillerez à feu lent et cohoberez jusqu'à ce qu'il passe une ⚬⚬ rouge, et pour lors vous pousserez le feu jusqu'à ce que le tout soit passé.

℞ 1♄ de ☾ de coupelle en chaux et la mettez dans un ♂ avec ½♄ de votre ⚬⚬, puis luttez votre ♂ hermétiquement, puis vous le mettrez au △ de lampe jusqu'à ce que votre ☾ ait bu l'⚬⚬ pour lors vous casserez le matras et broierez la ☾ et la remettrez recuire avec ½♄ de votre ⚬⚬ et votre ☾ sera fixe comme ☉.

## Préparation de ☽.

Il faut prendre du ♄ râpé et le mettre dans une cornue avec son poids d'▽ faite d'alun et ☉ et faire distiller, puis prendre notre ▽ et la mettre avec ana de ☽ en chaux, puis distiller et cohober 7 fois. [34]

## Teinture de ☽ à 24 carats.

℞ aes ustum 1 ℥, limaille de ♂ ½ ℥, ¼ ℥ ♈ ◇, ¼ ℥ ⊕⊾, le tout en ☿, et mêlé que vous ferez dissoudre en ♉︎, ♉︎ à siccité, puis joignez y ½ ℥ ♄ et autant ⊕ ⊕ ; ♉︎ et pulvérisez, sss en 3 fois le ♂ 2 ✖ à chaque fois ana de ☿ que de ☉ et seras au 24$^{ème}$ carat.

## Mercure fixe et teint.

℞ sel nitre et vitriol romain, de chacun 3 onces, mettez les distiller, jetez la 1$^{ère}$ eau qui passera et gardez celle qui sortira la dernière, savoir celle qui distillera lorsque la chape de l'alambic commencera à rougir, et bouchez-la bien.

℞ du ☿ bien purgé une once, soufre 2 onces, et de cette eau 3 onces, mettez toutes ces choses ensemble, et laissez-les jusqu'à ce que la dissolution soit claire, séparez le clair du sédiment, et distillez, vous aurez un ☿ fixe et teint rouge que vous pourrez perfectionner par cuisson.

## Manière de faire le beurre et ♇ ☽ ☿.

℞ 4 ℥ ☽'☿ et autant de sublimé de Venise que tout soit bien pulvérisé. Laissez en digestion 24 ♒, tirez en le beurre par △ de [35] sable doux par 4 heures, et plus fort par 4 autres ♒ et quand il ne passera plus rien mettez du feu autour du cul de la cornue, et s'il s'élève des fumées blanches dans la cornue finissez à moitié le feu de dessous et augmentez celui de dessous, et quand les fumée seront passées, poussez le feu par-dessous, il montera un ♇ au col de la cornue que vous garderez.

℞ ½ ℥ de ☉ décrépité au rouge sans fondre et le mettez dans une cornue avec 2 ℥ de votre beurre ☽'☿, distillez et s'il sort clair servez-vous en, sinon cohobez.

℞ 2 gros de cinabre ☽'☿, mettez dans une cornue avec 1 ℥ de ☿ rectifié, distillez et cohobez 3 fois et que le ☿ soit si pur qu'il en sortira sorte clair comme eau commune, et vous aurez 2 gros d'♁ de ♇ ☽'☿ et 4 gros d'♁ de ☿. [36]

## ♀ blanc.

℞ ♃ 1 ℥ et 2 ℥ ☿ faites aaa avec 2 ℥ de sublimé, et les sublimer à grand feu sur la fin, vous trouverez un pain sur les fèces, fusible, coulant ; faites cela 3 fois et en projection 1 sur 6 de ♀.

## Autre.

Clous de cheval 2 $\tilde{\mathfrak{Z}}$, régule d'$\bar{\odot}$ ½$\tilde{\mathfrak{Z}}$, étain fin, 1$^{lt}$ en 2 $+$ lutés. De ladite projection 2 : $\tilde{\mathfrak{Z}}$ ½ sur 12 : $\tilde{\mathfrak{Z}}$ mouvant et y jeter borax et salpêtre, on se peut servir d'antimoine lavé 5 ou 6 fois au lieu de régule.

## Lessive pour ♃.

Sarment, écorce de figuier, écorce de chêne, faites cendres.

## ♃ Calciné.

Dans un mortier de pierre qui soit chaud et sur sel subtil y jeter votre ♃ et remuer avec un bâton de bois, et se mettra en poudre, sinon la meilleur part, ce qui reste comme devant jusqu'à 3 fois, puis mettez au four de réverbère et lui donner feu tant qu'il se fasse en chaux blanche le mêlant ensemble. Aussi se peut calciner avec tartre et sera doux et fusible. [37]

## Esprit de ♃ pour fixer la ☾.

♃ calciné et blanc une part que vous incorporerez avec demi part de ✳ et mettrez à sublimer au sable, puis avec eau chaude tirez ledit esprit qui tombera au fond et tirez le ✳ par inclination, et séchez au soleil.

℞ ledit esprit tiré d'1$^{lt}$ de ♃, mettez y 1$^{lt}$ d'esprit de ♁ déflegmé et au feu tempéré sur cendres par 24 heures, et laissez refroidir, et tirez l'huile claire, et dans icelle mettez lames de ☽ à fixer par 3 jours à feu lent et gouverné.

## Teinture.

Faites Régule de 2$^{tt}$ de ☿ et d'1$^{tt}$ de ♀, fondez avec ☽ fixe et coupellez.

## ♀ fixe.

℞ ♀ vif ⊕ et ☉ ana mettez dedans une cornue pour en tirer l'eau forte, donnant fort feu sur la fin pour faire sublimer les matières. Prenez votre sublimation et vos fèces que vous mettrez dedans un alambic bien luté. Reversez l'eau sur les matières pulvérisées et distillant et sublimant comme dessus, jusqu'à 6 fois, que notre œuvre demeurera fixe, fluant, et fondant et sans fumet, étant très blanche. [38]

## Sel d'urine pour le ☿ de l'☉.

Ayez du bon sable lavé et calciné, faites le mettre dans un pot de terre et y joignez autant de bonne chaux vive, le tout bien mêlé. Que le pot ne soit que ½ plein, puis jetez des urines dessus qui sont d'enfants buvant vin. Emplissez le pot et mouvez et laissez s'asseoir 24 heures, puis faites bouillir et évaporer comme sec. Remettez d'autres urines, laissez rasseoir 24 heures, après les avoir bien remuées. Faites exhaler et continuez 4 ou 5 fois, ou tant que vous voudrez pour en avoir quantité. Faites après calciner tout ce qui est au pot dans le même pot, puis jetez de l'eau chaude par-dessus, filtrez, congelez, vous aurez le sel blanc et beau.

## ♀ fixée à la coupelle.

L'aes ustum avec mer de fer ana, et savon mol, et salpêtre, *per descendum*, à savoir dans un double creuset, le premier percé, à grand feu, tiendra coupelle. [39]

## Purgation de ♀.

Prenez pierre ponce, sel de tartre, sel commun, axonge et alun ana, et l'empâtez avec térébenthine. Jetez en pilule sur Vénus fondue, le mouvant d'une verge de fer, vous verrez des cendres noires que tirerez à part, et rejetterez des dites pilules tant que la poudre en sorte blanche, puis jetez la par 4 fois en lessive de chaux vive et tartre cru, et sera purgé. Toutes ces préparations sont nécessaires aux projections.

Amalgamez 1 ℥ de ☾ avec 9 ☿, retirez dudit tant que pourrez par le linge, sublimez avec ✳, s'il diminue remettre en d'autre, tant que son poids y demeure. Joignez y de ☿ bon sublimé et aurez médecine fondante. Un poids sur 10 de ☿ purgé et allié d'un 10 de ☾, il faut tant sublimer que rien ne monte plus et soit fixe. [40]

## Blanc.

℞ ☿ 8 fois sublimé, 2:℥ et 1:℥ ☾ calcinée, incorporez avec deux fois autant de ✳ et sublimez, le

✳ montera et laissera le ☿ au fond avec la ☾. Prenez ce qui est en haut avec ce qui est en bas, et mêlez, faites ainsi trois fois, à la troisième fois le ☿ demeurera fixe avec la ☾, de tout en ferez pâte avec blanc d'œufs et mettrez à dissoudre sur le marbre à la lumière. Vous aurez une huile de couleur verte, qu'il faut remettre à distiller dans un alambic en remettant l'eau dessus et recohobant tant que tout soit sec. Vous trouverez une matière cristalline fondante comme cire qui va un poids sur 10 de ☿. Nota qu'autant de fois que la ferez dissoudre et congeler elle se multipliera de 10.

## Adoucir les métaux.

℞ savon noir, tartre et huile d'olive, versez dedans votre métal fondu.

## Crocus de Mars.

℞ des barres d'acier de celles qui viennent d'Espagne, les rougir et faire fondre. [41]

## ☾ en ☉.

℞ ☉ pulvérisé, aes ustum, safran de ♂ ana 1 ℥, ✳ fait rouge 3℥, autres y ajoutant vitriol fait rouge 1℥, dissolvez ✳ et d'icelui imbibez lesdites poudres de ☉, aes ustum et safran et ♁ les broyant longtemps sur le marbre. Puis mettez le tout dans un matras au fient de cheval 20 jours ou tant qu'il soit dissout en eau. Congelez sur cendres chaudes dans le même vaisseau et une partie dudit congelé mis sur dix parties de ☾ fine la convertit en ☉.

La poudre est verte et rend au feu une couleur jaune. Si vous résolvez ladite congélation comme dessous et recongelez une partie en teindra 20, et autant de fois augmenter de 10.

## Eau qui fixe les esprits.

℞ 1$^{tt}$ chaux de coques d'œufs et 4$^{tt}$ de blanc d'œuf, amalgamez le tout et brassez fort dans une terrine vernie et mettre dans un vaisseau les jointures bien lutées, et mettre en putréfaction au fient par 14 jour. Puis par cucurbite convient faire distiller en telle manière que ladite cucurbite soit de deux tiers vide et continuez la chaleur jusqu'à tant que l'humidité soit passée. Mettez ladite eau en fiole de verre et ajoutez dedans pour chacune livre d'eau 1 ℥½ sel commun préparé 2 ✳ 4 fois sublimé et autant d'alun de plume. [42]

## Fixation d'arsenic.

℞ arsenic sublimé 1$^{tt}$ et le mettez sur le marbre bien pulvérisé, et en vase circulatoire et dessus icelle poudre, une livre de l'eau ci-devant décrite, lutez bien les jointures du vase avec blanc d'œuf, chaux vive et vieux fromage. Mettez en fourneau de fixation sur cendres à feu doux, jusqu'à ce que l'eau soit fixée avec ♂ ce qui se connaitra quand nulle fumée ne sublimera. Alors fortifiez et augmentez le feu 4 fois plus que devant par 2 jours ou jusqu'à ce que vous voyez que rien ne sublime par feu, ni par flamme. Mettez refroidir et trouverez votre ♂ fixé en manière de corps blanc, pesant comme plomb, fondant comme cire sur la lamine de ♀ rougie, sans fumer. De cette sublimation ferez projection sur ♀ préparé, 4 partie de ☾ sur 7 ♀ et aurez fine lune. L'expérience vous enseignera la projection.

Le soufre, du vinaigre au-dessous et a desséché, faire poudre et mis dans un creuset au feu à réverbérer, encore du vinaigre, remuez fort, réitérez 6 fois, faites épreuve sur une brique, savoir si la couleur vous contente. [43]

## Comment tirer l'huile et teinture dudit crocus de ♂.

Mis en vinaigre distillé, agité et reposé et par inclination, faites qu'ayez tiré la teinture. Faites évaporer et vous restera une gomme au fond, laquelle incorporée avec autant de blanc d'œuf et mis sur une lame de ♂ en lieu humide découle en huile rouge qui vaut pour la teinture.

## Blanc.

℞ Céruse, sublimé ana 1:℥, borax, ✳, salpêtre ana ½℥, broyez ensemble et soient mais dans une toile fort bien liée et la suspendez au milieu d'un pot demi plein d'huile de noix et faites bouillir 3 heures et sera fait projection un sur six de ♀. [44]

## La clavicule de Raymond Lulle.

Premièrement faut tirer l'essence du corps de la ☽, calcinant avec ☿ préparé et lavé en sel et vinaigre et faites bouillir avec ✞ distillé et blanc d'œuf et ✳ par 8 heures, ou avec urines distillées ; s'il se mortifie il le faut distiller avec eau chaude er avec autre mercure. Donc de ce mercure vous amalgamerez de la lune, lavez l'amalgame de sel et vinaigre broyant dans un mortier de bois avec un pilon de même, ôtant les immondices et réitérant tant que ledit amalgame soit bien net, et lavez d'eau chaude, et passez par un linge et ce qui sera demeuré au linge ayant nature de corps, soit derechef broyé avec trois fois son poids de sel, broyant et lavant. Coulez et recalcinez par 12 heures. Puis prenez la matière et broyez derechef avec un peu de sel et faites tant qu'elle soit faite poudre impalpable que laverez d'eau chaude et continuez tant qu'ayez votre chaux de ☽ fort blanche et déliée, car c'est l'importance, la broyant souvent sur le porphyre. Ce fait vous l'arroserez 2 ou 3 fois de bonne huile [45] de tartre, desséchant au soleil ou chaleur tempérée, continuant ce régime jusqu'à tant que ladite chaux ait bu 4 ou 5 fois son poids de ladite huile. Puis ayant bien desséché et mis en poudre dans un matras qui ait le col long et fort gros, et par-dessus notre menstrue puant, qu'il surnage de 2 doigts, le matras bien luté lis sur les cendres tièdes tant qu'il cesse de bouillie et que la matière soit entièrement refroidie, puis faites putréfier 12 jours.

Ce fait ouvrez votre matras le rompant et mettez la matière dans un alambic, lutés bien, et étant le lut sec faites petit feu, après que les humidités auront passé, croissez le feu tant que la matière soit bien sèche et que les esprits soient élevés jusqu'à la chape et récipient, puis laissez refroidir et retirez la matière sue mettez en poudre sur le marbre, puis dans ne terrine vernie et mettant par-dessus de l'eau fort chaude et bouillante, mouvant sans cesse avec une spatule de bois, et à fort feu, sera continué de remuer tant qu'il apparaisse petits grains de ☿. Continuez à mouvoir avec eau chaude et tant qu'ayez tout en ☿, jetant sans cesse de l'eau [46] dessus, puis ayant tout en ☿, jetez dessus de l'eau froide, lavez bien puis séchez avec un linge chaud et gardez pour multiplier le ☿ de lune.

Sera pris 3 de ☽ en feuille dont ferrez amalgame avec 4℥ onces de ☿ vulgaire au tant qu'il suffise.

Ailleurs il y a 6 onces de ☾ à 12℥ de ☿ puis étant bien amalgamé, je retire le ☿ tant qu'il n'en demeure que poids égal à la ☽ qui sont 12℥ en tout sur lesquelles je mets 9℥ de ☿ de ☾.

Ledit amalgame fait retirez par le linge dudit ☿ , et faites qu'il n'en demeure que poids égal à la ☾ comme dit est. Mettez tout dans un petit matras et par-dessus 1℥ de ☿ de ☾, lutez bien le vaisseau de bon lut, et laissez sécher, mouvez le vaisseau pour mêler les matières puis mettez à feu tempéré d'étuve, que la chaleur n'excède celle du soleil. Continuer le régime tant que la matière soit noire épaisse comme bouillie, continuez encore le feu tant qu'elle soit grise brun, alors augmentez le feu d'un degré tant qu'elle commence à blanchir et soit blanche comme neige, puis augmentez du 3ème degré et continuez tant que votre matière soit très blanche et demeure en poudre qui est la chaux sulfurée, laquelle convertit le ☿ vulgaire en fine chaux de lune de sa nature jusqu'à l'infini faisant ainsi. [47]

## Multiplication.

Prenez le vaisseau où est votre chaux blanche, et couvrez et par-dessous jetez-y 2 ℥ de bon ☿ bien lavé, puis remettez le vaisseau bien luté continuant la cuisson, comme avez fait, tant que notre matière soit tournée en fine poudre blanche, ce qui se fera en bref et ainsi pouvez multiplier à l'infini avec le   commun préparé, à savoir une partie de la poudre et son poids susdit , ou la moitié ou seulement cuisant comme dit est.

Comment réduire en corps, prenez un creuset neuf recuit, faites fondre 1 ℥ de fine ☾, puis jetez dessus 4 onces de votre poudre de minière par petites pilules du poids de 2 à 3 dragmes chacune, l'une après l'autre, continuez un feu véhément, puis étant le tout incorporé, jetez en lingots et aurez bonne ☽ ainsi à l'infini. [48]

## Or potable tant pour le corps humain que pour les métaux.

Faites amalgame d'une once d'or avec 7 onces de ☿ de ♂, mettez dans un matras ledit amalgame et le couvrez un peu d'huile de sel, puis 8 jours au bain à dissoudre, puis congeler sur les cendre en sel rouge, qui sera fusible comme cire. Il va un poids sur 100 de ☿ et sur200 de ☽ et se multiplie à l'infini.

## Augmentation du ☉.

℞ ✳ 2℥ fin or 1℥ ensemble dans ventouse à sublimer, en projection sur ☽.

℞ salpêtre 1ᵘ, ♀ 6℥, sciure de bois de buis 4 ℥ le tout en poudre et incorporé et au fond d'un ✝ et dessous de l'*aes ustum* pulvérisé tant que la première poudre soit couverte légèrement. Puis mettez les lames de ☉ et lune ana et dessus lesdites lames mettez encore dudit *aes ustum* autant que vous en avez mis dessous, puis mettez encore dessus des dites premières poudres *sss*, puis mettez le feu avec une allumette et les métaux brûleront en un instant et demeureront teints. Nota, dudit ☉ et ☽ 1℥ et *aes ustum* 2℥, [49] aussi est à noter que du tout se fera une masse, laquelle il faut refondre et par extinction la jeter dans salpêtre dissout et s'il n'est à titre, se pourra refaire de même. Notez aussi qu'au lieu d'*aes ustum* prendrez verdet, fixe la lune seule l'or à teinte.

## ☾ en ☉.

Esprit de sel 2 ℥ sur lequel versez 20 gouttes d'esprit de salpêtre, mêlez dans cette liqueur or calciné 1 ℥ l'y laisser dissoudre et circuler au bain 4 jours. Cela fait retirez vos esprits par distillation jusqu'à ce qu'il vous demeure au fond une matière Rouge en consistance d'huile fort épaisse, sur laquelle vous verserez esprit de vin 4 fois autant que pèse la matière. Laissez le tout en rencontre bien luté et circulez, digérez, au bain par 4 jours votre ☉ tombera en cristaux rouges, tirez votre esprit par distillation jusqu'à ce qu'il ne paraisse que vos cristaux que retirerez à siccité à feu de sable fort lent. Remettre au bain sans y rien ajouter jusqu'à ce que vos cristaux soient réduits en huile, ce qui se fera en un jour. [50]

℞ 8 ℥ de ☾ en limaille, laquelle cimenté avec sel gemme, sel alkali ♄, soufre vif, sel commun desséché au feu de roue par 6 heures, versez sur ladite limaille notre huile d'or, u ajoutant de l'esprit de vin qui surnage, et couvre le dessus de votre limaille, laissez le tout en digestion dedans l'alambic borgne bien luté au bain, jusqu'à ce que tout soit sec et comme en chaux, cela fait remettez votre matière en corps par la fusion, quoi fait, suivez le procédé de votre ciment comme de votre eau et vous aurez sans doute à 24 carats et 3 ℥ vous en multiplieront plus de 6.

## Or meilleur.

℞ soufre d'or 1℥, huile de ♂ 8℥, et les portez dedans ☉, lui ajoutant ☽ jusqu'à ce qu'il marque 24 carats.

## Comment tirer ♀ de ☉.

Moitié eau de pluie ou Rosée de Mai distillée, moitié vin que mettrez sur graines de genièvre jusqu'à ce qu'il surnage 3 doigts par-dessus. Laissez en digestion au ventre de cheval ou au bain 2 ou 3 jours, [51] retirant la teinture, puis tirez les esprits et les rectifiés 2 ou 3 fois. Mettez votre teinture sur ☉ en chaux et en un jour ou 2 le soufre sera tiré. Ce fait retirez les esprits jusqu'à l'huile.

## Huile ♁.

♁ 2ᵗ de cendre gravelée ana, les deux sont mis entre deux creusets, celui de dessous percé, qu'ils soient bien lutés et mis à feu de roue 4 heures par degrés et à la fin couvrez de charbon, et étant froid mettez à l'air, il se dissoudra.

## Jupiter à la recuite.

℞ ♃ fin 1ᵗ, fondez et y jetez 1℥ ♁, ¼ de régule de ♁ fait avec le ♂, le tout étant bien fondu, jetez-y à plusieurs fois demi livre de tartre en poudre et ¼ de livre de salpêtre bien mêlé ensemble, le bien écumer, puis jetez du plâtre en poudre pour amasser l'ordure qui s'attachera au bord du creuset, et le laissez, bien purifier le tout consiste à la grande fusion. [52]

## Pour convertir le ♂ en ♀.

Ayez de bon vitriol 1ᵗ, dissolvez dans une pinte d'eau sur le feu, l'eau deviendra blanche, ayez alors des lamines d'acier, mettez-les dans la dissolution et faites bouillir tant que vous voyez que la superficie ait une croute. Retirez toutes les lamines, raclez ladite croute, la gardez à part, remettre tant qu'ayez de raclures à suffisance, qui le rend de demi heure en demi heure, puis faites sécher ladite croute au feu et l'incorporez avec autant de savon mol et la réduisez en corps avec borax, aucuns ne le feront fondre, mais étant bien desséché et pulvérisé le font dessécher et sublimer avec son poids de sublimé, puis le fixe par le ♀ puis en teignent la lune alliée à 2 parts de ☉, mettant 1 part de ladite matière, ou allient seulement la lune de son poids de ☉, ou bien la jettent un poids sur 3 de sol aureuns, subliment avec le double de sublimé. [53]

Le ♀ qui vient de cette fonte est si fixe, que mêlé avec le sil il soufre 3 cimentations avant de se séparer, et laisse le sol si haut que joint à la 3ᵉᵐᵉ partie de lune altérée il vient à 22 carats aux épreuves.

## Esprit de genièvre.

Prenez de la graine bien concassée tant que le pourra, et sur icelle jetez de l'eau dans une cuvette de bois, qui surnage trois doigts, puis de la boissière de vin ou bon vin le 1/3 de l'eau et le laissez reposer 20 jours, l'ayant bien couvert de 5 ou 6 linges avec une corde autour. Il bouillira mêlant l'eau et graine tout ensemble dans le vaisseau ne soit qu'à demi plein, puis dans un grand alambic de cuivre ou verre, mets l'eau et graine ensemble, distillez le vaisseau à demi plein, ôtez et mettez en d'autres s'il en reste, séparez l'huile, laquelle emporte toute la teinture du sol. [54]

## ♀ de ☾.

℞ chaux de ☾ 2℥ laquelle vous dissoudrez dans les esprits de sel marin, de 🜨 ou ♁, lequel il vous plaira. Celui de sel marin tire la teinture verte bleue. Les dissolutions seront digérées aux cendres, puis enfin distillées le tout à la cornue au cil large au réverbère les digérant et cohobant par plusieurs fois. Enfin passera la ☾ en forme huileuse, laquelle vous dissoudrez en esprit de vin tartarisé qu'il faut digérer puis distiller.

## Fixer le salpêtre.

℞ térébenthine Venise et salpêtre ana que mettrez sur le feu lent et le laisser bouillir tant qu'il voudra, et vous le trouverez fixe et fondant. Il faut le dissoudre en eau bouillante filtrer et congeler.

## ☽ au départ.

Orpiment de Venise 3$^{lt}$, ☽ 1$^{lt}$, *sss*, 2 creuset l'un sur l'autre, luttez, qu'ils rougissent 24 heures, puis à feu de fusion 1 heure. Refondez y jetant ☉ et tartre grenaillé et mettre au départ et aurez 4$\frac{3}{5}$ ☉, ce qui reste, ferez comme devant. Notez qu'il n'y a de meilleur orpiment ; le plus pesant est le meilleur. [55]

## Comment désoufrer l'aes ustum.

Pulvérisez-le, mettez à rougir dans un creuset et éteignez-le 4 ou 5 fois dans l'huile d'olive et autant de fois dans le vinaigre.

## Crocus de ♂ pour teindre la ☽.

℞ limaille de fer, mettez dans fort vinaigre et exposez au soleil pendant 2 jours, après séparez le vinaigre, mettez en toujours d'autres jusqu'à ce que la limaille soit toute dissoute. Prenez encore du vinaigre et desséchez au soleil et les poudres demeureront au fond.

Faites dissoudre du sel armoniac au froid et à l'humide.

℞ de cette dissolution 2 parts, 1 part de crocus de mars et autant de ✳ que le tout, puis en ℞ du sel armoniac dissout, et d'icelui imbibez vous poudres par une longue trituration, après vous mettrez le tout à dissoudre dans le fumier chaud pendant 15 jours, il faut changer souvent de fumier. Après coagulez sur les cendres à feu lent et une part de cette congélation en teindra 10 de ☾ préparée. [56]

## Talc calciné.

Prenez huile de tartre et dans icelle éteignez le talc fort rouge en 7 ou 8 fois, sera calciné et se fait dans une cuillère de fer.

## Esprit et essence de sel.

Après l'avoir calciné, filtré et congelé par 4 fois, sera fait, évaporez dedans un vaisseau de verre qui aie la bouche large, comme aussi à toute les fois qu'on le dissoudra. Après la première fois faut retirer l'eau par alambic, laquelle servira à remettre sur ledit sel pour le dissoudre, puis filtrer et mettre au vaisseau large sur le sable, et ainsi qu'il s'évaporera, se formera des lapilles, belles et larges et fort blanches qui seront recueillies avec une cuillère d'argent et mise dans une écuelle de verre pour dessécher, et ayant ainsi tout tiré votre sel desséché, le ferez pour la 5$^{ème}$ fois dissoudre dans le flegme d'eau de vie qui aura été trois fois [57] distillée, qu'elle ne laisse point de fèces. Filtrez puis retirez le sel évaporant comme dessus par lapilles, puis étant bien séchées seront mises en poudre dedans une cornue à putréfier par 25 jours au fient le vaisseau bien bouché, puis distillez à feu d'eau forte dans un récipient de verre bien grand et bien luté. Étant refroidi, sera fait circulé autre 15 jours puis distiller par alambic bien luté pour retirer le flegme et ce fait vous restera une liqueur odorante qu'il faut conserver chèrement, elle est bonne aux défaillances de cœur, aux poisons, grandes défluxions sur l'estomac, pamoisons, peste et autres maladies dangereuses, 3 ou 4 gouttes ou d'avantage, suivant le mal avec eau cordiale. Mais pour en faire des effets admirable, la faut mêler avec un peu de teinture de corail et essence de perles dans un peu de bon esprit de vin. [58]

## Sel de cristal.

Calcinez du cristal de montagne en le pulvérisant, chauffant dans un ✝ et éteignant dans bon vinaigre distillé, réitérez 10 ou 12 fois, pulvérisez, recuisez et de nouveau éteignez en nouveau vinaigre encore 10 ou 12 fois, après filtrez le vinaigre et évaporez en vaisseau de verre, ou distillez, et au fond vous aurez le sel vert comme herbe, il guérit la colique pierreuse comme la pierre aux reins, dans la vessie, la dose 10 ou 12 grains à jeun dans un bouillon tiède.

## Fixation de ☾.

Prenez aes ustum et cinabre ana, pilez et pulvérisez, incorporez avec miel, faites pilules et laissez sécher qu'elles soient dures, fondez lune, et peu après jetez vos pilules mouvant avec une verge de bois, continuez tant que la lune en ait bu son poids, elle sera fixe et presque teinte. [59]

## Ciment pour la teindre.

Aes ustum 2 ℥, crocus de mars fait avec eau forte 1 ℥, ☉ ℞ 3 ℥, orpiment rouge 1 ℥, marcassite d'or 3 ℥, pierre sanguine 1 ℥, le tout mis en poudre subtile, faite pâte avec fiel de bœuf et cimentez par 6 heures.

## Eau qui dissout la lune en sel fusible.

Alun, salpêtre et cendre gravelées ana 1$^{tt}$ et de bon ☉ ½$^{tt}$, il ne faut aucunement dessécher les matières, mais il faut déflegmer l'eau, étant faite, cette eau dissout lentement la lune en 24 sur cendres chaudes et après retirez par alambic à feu de sable moyen et lent, la lune demeurera en sel blanc qu'il faut après faire dissoudre en eau de pluie ou de rivière distillée, l'y mettant presque bouillante goutte à goutte, la mouvant d'une spatule de bois, y ajoutant de ladite eau tant qu'elle soit dissoute. Laissez reposer sur cendres chaudes une nuit, puis filtrez et après évaporez, le sel demeurera beau et blanc, qui se dissout au feu de cendres et se congèle au froid et s'en fait beaucoup de choses excellentes. [60]

## Blanc.

℞ arsenic 3$^{tt}$, mettez dans un linge et le faites bouillir pendant 4 heures dans du vinaigre, puis remettez dans un autre linge et le faire bouillir dans l'huile d'olive pendant 4 heures, puis dans ce même linge vous le mettrez une nuit dans les cendres chaudes, puis prenez dudit arsenic trois livres, ☉ 3℔, sublimé 1℔, tartre blanc 1℔, mettez le tout dans un grand creuset avec un autre percé, donnez feu médiocre. Laissez évaporer ½ heure, et quand il ne fume plus bouchez le trou avec de la terre grasse. Donnez feu violent pendant ¾ d'heure, laissez refroidir, cassez le creuset, vous trouverez une pierre blanche, pilez, tamisez et dans le même temps un poids sur trois de ♀ en fonte, puis joignez avec 2 parts de ☾.

## Fixation du ☿ de ♄.

℞ 4℥ de foie d'antimoine fait avec partie égale de tartre, salpêtre et antimoine. Joignez-y demi once de verdet, demi once de sublimé et une once de sel commun décrépité, broyez bien le tout ensemble, versez dessous petit à petit 12℥ d'eau forte bien déflegmée, [61] laissez passer les ébullitions à chaque fois que la verserez, puis distillez à petit feu, augmentez ensuite le feu et à la fin faites que le cul de la cornue rougisse pendant demi-heure. Laissez refroidir, faites dissoudre dans cette eau de l'or en chaux. La dissolution étant faite, versez par inclination dans une cucurbite et faites évaporer au bain jusqu'à moitié, et dans la moitié qui vous reste jetez-y 3 fois autant de ☿ de ♄ qu'il faut chauffer auparavant. Il se précipitera en poudre fort rouge. Faites évaporer l'eau jusqu'à siccité à chaleur douce, après mettez sur une once de matière demi once d'huile de vitriol, où vous aurez fait dissoudre la quatrième partie de sel de vitriol, qu'il faut faire digérer pendant 24 heures, après, mettez le vaisseau sur le sable et faites feu de roue pendant 24 heures. Il faut que le vaisseau soit éloigné du feu de demi-pied, le feu fort doux. Ensuite approchez de 4 doigts pendant autres 24 heures et enfin mettez le charbon sur le vaisseau et continuez le feu encore 24 heures, et laissez refroidir. Tirez la matière et la pilez dans un [62] mortier de verre et y ajoutez une once de borax pulvérisé fin, mettez le tout dans une cucurbite et versez dessus de bon esprit de vin et la faites distiller et cohoberez 5 ou 6 fois. Laissez dessécher et projetez la poudre sur un bain d'or peu à peu jusqu'à la fin.

## Opération sur le ♀ et ☉.

Prenez ☉ et le fondez dans un ✝ avec fleurs de ♀, puis étant froid, broyez-le et le mettez dans un autre ✝ et y jetez un charbon allumé, puis après un autre, continuez tant que le ✝ soit rouge et la matière verdâtre, lors laissez refroidir votre ✝ et étant bien froid cassez-le et prenez la matière qui est dedans nette, et laissez ce qui est au fond du creuset qui seront les fèces de la matière. ℞ donc votre matière ainsi purifiée deux ou 3$^{it}$ et la broyez subtilement, puis la mettez dans un matras couvert d'une chape borgne, et la bien sceller, mettez au fumier tant que tout soit dissout en eau claire, changeant de fumier de 8 jours en 8 jours, puis ôtez votre vaisseau, changez de chapiteau, remettez en un autre avec son récipient, puis distillez sur cendres chaudes tant que toute l'humidité soit passée, cohobez jusqu'à 6 fois, alors l'eau qui en sortira sera blanche

et aussi douce que sucre, laquelle tirera la teinture du
☉♂, et ♄ sans offenser le corps. Si vous en mettez
dans [63] votre main et y trempez un clou elle en tirera
toute la teinture sans vous blesser la main.

Cette teinture est souveraine contre la goûte et
gravelle. Lorsque vous aurez tiré toute l'humidité
comme j'ai dit vous prendrez votre matière qui est restée
au fond de l'alambic, de couleur très rouge et la
passerez et broierez et y ajouterez le tiers pesant de fin
☉, puis remettez dans l'alambic que vous couvrirez de
son chapiteau borgne, puis mettrez à circuler ai bain
l'espace de 70 jours et ferez comme a été dit au
végétable au bout duquel temps vous verrez au fond du
vaisseau une pâte de couleur d'ambre, alors vous ôterez
votre alambic du bain, et le mettrez sur cendres chaudes
ayant changé le chapiteau et tirerez toute l'humidité à
feu très lent et vous garderez en in vaisseau de verre
bien clos et quand votre matière sera refroidie ôtez du
vaisseau et la gardez.

Elle tombe sur tous les métaux imparfaits un
poids sur 10 et les convertit en ☉, si vous prenez
garde à notre matière pendant qu'elle circule, vous y
verrez d'étranges couleurs, vous pouvez multiplier de
même façon que je vous ai dit au végétable et surtout
faut bien prendre garde que lorsque votre matière
commence à se congeler il faut ôter tout le feu, car elle
fondrait et se convertirai en métal qu'il faudrait
résoudre avec son menstrue et serait longtemps à
résoudre. [64]

## Eau pontique.

Prenez $1^u$ de ☿ bien purgé, $1^u$ de ✳ ou tant que vous voudrez, triturez sur le marbre par 2 heures, si le ☿ ne se veut mêler il n'importe, ce fait prenez autant que le tout pèse de bon sable bien menu et bien séché, mêlez tout ensemble et mettez dans un alambic, y appliquant un bon récipient, lutez bien que rien ne respire, faites feu de degrés, premièrement sortira une eau claire, et quelque peu de ☿ et de ✳ qui s'attachera au côté du récipient et quand tout sera distillé et refroidi vous ôterez le récipient et le mettrez sur les cendres chaudes le remuant souvent et par ce moyen tout s'humectera, puis le remettrez dans l'alambic à feu de cendres et en séparerez l'eau et ce qui s'élèvera et congèlera en haut vous le mettrez avec nouveau sable comme vous avez fait et ainsi tirerez une eau pontique claire mais non sans flegme, lequel vous séparerez à feu lent et jugerez au goût quand il n'y en n'aura plus et qu'il sera tout séparé et que l'eau apparaîtra claire et pontique. [65] Faisant distillation faut faire un feu fort lent par 2 heures et l'augmenter de 2 en 2 heures, enfin couvrez le vaisseau de charbon, ce que me fait estimer qu'il se fera mieux en cornue qu'en alambic.

Cette eau à la puissance de dissoudre ☉ et ☾ et tous autres métaux en huile les cohobant par trois fois sur la chaux bien faite, et cette huile étant de ☉, convertit le ☿ en ☉, quand il est congelé comme s'ensuit.

Faites congeler du ☿ par la poêle, à savoir une livre de ☿, 1ᵘ de verdet et 2ᵘ de 🜨, le tout en poudre faisant comme vous savez tant que le mercure soit congelé comme amalgame. Il le faut bien laver et l'étendre sur du papier une nuit pour le faire sécher, le matin le mettre dans un ✝ au feu et étant chaud, jetterez de votre huile de ☉ ou ☾ goutte à goutte croissant le feu jusqu'à fusion y ajoutant un peu de borax pour le mieux fondre et aurez fait. [66]

## ☾ *fixe.*

Faites dissoudre sur le marbre blanc 1ᵘ ✳ filtré, et gardez l'eau, prenez après ♄, 🜨, 🜨, ana pulvérisez et mêlez, puis tamisez et mettez dans une écuelle de terre vernie et la détrempez comme onguent avec ladite eau. Faites distiller par cornue bien lutée, après amalgamez 1℥ ☉ avec ☿, retirez tant du ☿ par le linge que pourrez, broyez l'amalgame sur le marbre et l'abreuvez de ladite eau tant qu'elle soit assez dure, puis faites distiller, gardez l'eau et ne desséchez seulement la matière que pour la mettre en poudre, pilez derechef, réimbibez, distillez et réitérez tant que tout soit fixe, tant plus tant mieux, puis mettez en poudre de laquelle 1℥ fondu avec 2℥ de lune un peu altérée aurez ☉.

## *Le* ☿ *en* ☾.

Faites eau forte d'alun et salpêtre de laquelle tirerez le flegme, faites dans ladite eau dissoudre bonne lune de coupelle et dans le flegme faites dissoudre bon ☿, [67] tant que pourra, fermant bien le vaisseau mettez à digérer les dissolutions par 15 jours au bain, puis les mêler ensemble et les laissez 24 heures ou 2 jours en putréfaction. Faites après distiller par le bain et cohobez, tant plus tant mieux, si vous voulez laissez évaporer un peu votre matière ce sera bien fait. Et après le cohobations l'eau deviendra comme huile qu'il faut bien garder et boucher. Prenez après du mercure purgé et le faites un peu chauffer dans un matras sur cendres chaudes et par-dessus jetez de la dite eau et l'y laisser tant que le ☿ tournera en poudre grise. Retirez ladite eau par inclination car elle servira toujours, prenez cette poudre et la mêlez avec borax, faites un bain de lune. Si vous mettez d'autre ☿ purgé sur cette poudre et la décuisez un peu, puis y mettre de ladite eau puis du ☿ et réitérer ainsi par trois fois, il s'en pourra faire minière. [68]

## Huile de ☾.

Prenez des lames de lune coupées en petits morceaux et les faites dissoudre dans une eau forte qui soit rectifiée avec du sel de tartre, ou composé avec le même sel et lorsque votre lune sera dissoute par cette eau, versez y un peu de bonne eau de vie, puis la laissez reposer pendant 24 heures en un lieu froid et humide, et dans ce temps là il se formera au fond des cristaux que vous mettrez digérer 2 ou 3 jours dans de l'eau distillée de blancs d'œuf, et puis vous mettrez le tout dans un alambic où vous ferez distiller par le bain, et il vous restera au fond du vaisseau une huile d'argent tant précieuse. [69]

## ♀ en ☽.

Une sublimation d'arsenic par soi, séparez les fèces et la poudre farineuse, prendre la moyenne substance et la sublimer 3 fois avec deux fois son poids de sel commun décrépité, et à chaque fois renouvelez le sel commun décrépité. Puis prendre ce sublimé qui sera très cristallin à la proportion de 6 onces d'icelui, 2 onces de ☿ sublimé, 3 onces de sel armoniac, tout cela bien mêlé ensemble, le réverbérer et broyer avec 10 onces de sel commun décrépité, et le sublimer. Prendre ce qui sublimera et le ressublimer encire par 4 fois avec nouveau sel décrépité à chaque fois et votre sublimé sera fait. Il faut le prendre et broyer et mettre à couler à l'humide. Mêlez une once avec une once s'huile lunaire et cuisez à l'athanor pendant 12 jours et vous aurez une poudre. Il faut faire fondre 4 onces de lune et étant en bonne fonte y jeter une once de votre poudre et tout sera poudre dont il faut jeter une once sur 10 de vénus et à la coupelle il en restera cinq. [70]

## ☿ de ♄.

℞ 1$^u$ ✳, tartre calciné 2$^u$, vinaigre distillé 2$^u$ et du ♄ râpé fort menu 3$^u$, mettez tout dans une cornue bien fermée, putréfiez 20 jours au fient, puis distillez par degrés le ☿ passera et sublimera vif.

## Comment faire glaçon d'huile de tartre fondant.

Prenez eau de départ et ayez quatre onces d'huile de tartre. Mettez premièrement l'eau de départ en un matras de verre à col long et qui soit assez ample, et le tenez en la main, versez un peu d'huile de tartre sur ladite eau forte, et verrez le tout bouillir de soi-même, attendez que la fureur soit passée puis mettez peu à peu comme dit est le reste de ladite huile, et attendez à chaque fois que le bruit et fureur soit passé, puis mettez [71] le tout en une cornue, et faites évaporer à doux feu par les cendres ou par le bain le flegme jusqu'à ce que les 2/3 soient distillés, et versez ce qui reste au fond beau et clair, jetez-le en une écuelle de verre ou terre vernissée et laissez reposer 3 ou 4 heures au bout desquelles vous verrez que les esprits de l'eau de départ et huile de tartre se seront mis en glaçons transparents, jetez l'eau qui sera alentour des glaçons car elle est insipide et ne vaut rien. Les glaçon sont fusibles comme cire et font fondre ce qui n'est pas fusible.

## Purgation de ♀.

Prenez alun et tartre cru avec sel préparé ou blanc ana 1$^{u}$, faites dissoudre dans du vinaigre, faites rougir lamines de Vénus et les éteignez plusieurs fois, toute la rougeur en sortira et demeurera blanc. [72]

## Lettres d'or.

Deux dragmes de safran, réduisez en fine farine puis prenez un jaune d'œuf bien battu avec un petit de gomme.

## Autre.

℞ rue, verdet et safran, broyez tout ensemble puis détrempez en eau.

## Blanc.

℞ ♀ femelle 1$^{re}$ et le faites fondre, étant fondu prenez 2 onces de borax en pierre et 2 onces d'arsenic, mettez en poudre subtile et mettez le tout sur le dit laton fondu, et y ajoutez 1/3 de lune fine, jetez en lingot, puis blanchissez le lingot comme s'ensuit, à savoir le dessus, car le dedans est blanc ou comme il est jeté en grenaille dans eau où y ait tartre, sel commun, borax, le salpêtre n'y est pas mauvais, avec huile de tartre pour empêcher la fumée de l'arsenic.

## Baume universel et excellent pour toutes plaies.

℞ huile de lin, huile d'olive, ana, une chopine gomme d'élémi, térébenthine, [73] ana, 8 ℥ faites dissoudre ladite gomme avec lesdites huiles, puis mettez votre térébenthine, ce fait mettez vert de gris en poudre bien subtile 1 ℥, vitriol cru, 1 ℥ aussi en poudre, lesquelles choses vous ferez dissoudre par l'espace de 6 heures à petit feu, le remuant toujours tant qu'il soit bien vert et bien cuit, puis passerez par une chausse ou linge délié, ce fait mettrez le baume dans une bouteille de verre et le mettrez au fient de cheval.

## Projection sur ♀.

℞ ♂ que vous pulvériserez puis après jetterez vinaigre distillé dessus, qu'il surnage, mettez sur les cendres chaudes et laissez 24 heures en digestion, et votre vinaigre se chargera, mettez ledit vinaigre à part, remettez en d'autre et réitérez tant que votre vinaigre se chargera. Mettez tous vos vinaigres ensemble, faites évaporer doucement à siccité, prenez votre ♂, ainsi préparé faites le sublimer trois fois ou plus, jusqu'à tant que la noirceur soit passée, en remettant toujours le haut avec le bas. Prenez deux parts (onces) d'icelui et une part (once) de lune en chaux sublimés tant que rien ne sublime et vous aurez une matière qui va en projection sur ♀ préparé. [74]

## Opération du petit Paysan.

Faire verre de ♄ avec 1ᵘ de minium et 4℥ cailloux de vigne rouge. Séparez la crasse, le refondre dans un double creuset, fondez à fort feu jusqu'à verdeur brune.

Fondez 4 onces de ce verre, jetez dedans deux onces de crocus de ♂ et 2℥ de précipité fixe. Laissez en bonne fonte demi-heure.

6 onces de verre en poudre, y joindre 3 ℥ de chaux de lune et une once de teinture d'émeri, mêlez lesdites matières, mettre dans un matras pendant 24 heures à feu de sable de charbon dessus et dessous puis pulvérisez.

Fondre un marc d'argent, jetez par paquets ladite poudre, feu de fonte 12 heures, coupeller et départir.

## Comment faire céruse fixe.

Sel de ♄ et cristaux de mars ana 4 ℥, broyez et mêlez dans une cornue, versez dessus 1ᵗ eau forte de vitriol et salpêtre, digérez une nuit, puis distillez, augmentant le feu sur la fin pour faire passer les esprits métalliques, dissolvez dans cette eau autant de ☿ qu'elle en pourra dissoudre, puis distillez et cohobez 3 fois donnant feu de [75] sublimation, il vous restera un précipité fixe, il faut l'édulcorer avec eau de pluie distillée, puis réverbérer entre deux creuset 10 ou 12 heures au feu de roue, couvrez de charbons sur la fin, alors il sera fixe.

## Cristaux de Mars.

Huile de vitriol 4 onces y mêlant 8 onces d'eau commune, agitant le vaisseau ajoutez-y 2 onces de limaille d'acier, dans une cucurbite de verre, versant peu à peu à la fois remuant d'une spatule de bois vous gardant de la fumée, laquelle passée et la dissolution faite filtrez à chaud, évaporez au soleil ou à feu doux jusqu'à pellicule, aurez le vitriol en cristaux de mars.

Emeri calciné, dissoudre en eau régale versez la dissolution par inclination, évaporez, prenez de ladite teinture 1 once que mêlerez avec la chaux de ☽.

## ♀ de ♂.

℞ limaille d'acier parties 2, et la faite rougir avec une demi partie d'orpiment qui est arsenic citrin, mêlez bien ensemble, puis le tout en un *bolus barbatus* et donnez-lui le feu de telle manière qu'il [76] en descende une matière blanche comme une ☾, laquelle tu laveras subtilement et par-dessus icelle verseras deux fois autant de vinaigre blanc distillé, qui soit fortifié d'une dixième partie de ✳ préparé et ainsi le laisseras par 7 jours, le remuant chacun jours au soleil ou lieu chaud, passez, broyez ladite limaille en un mortier de fer et premier que la broyer, tu feras rougir au feu dessous une pelle de fer et quand elle sera rouge l'éteindras en fort vinaigre, puis la rebroiras, puis fera rougir, puis feras rougir puis éteindras et poursuivras ainsi réitérant jusqu'à ce que la limaille soit dissoute en vinaigre, lequel sera très rouge. Ce fait tu le filtreras et puis par l'alambic et au fond tu trouveras le safran Arabic lequel s'appelle Zésimut ou huile fixe des philosophes.

## Calcination de ☉.

Prenez ☉ et en faites lamines ténue comme l'ongle, et fondez de ♄ en un vaisseau qui ait la bouche de la longueur des lames et quand ce saturne sera fondu, mets dessus les lames à recevoir la fumée, et quand le sol aura reçu la fumée il se pourra réduire [77] en poudre, et lors prend d'icelle subtilement pulvérisée une partie et autant d'arsenic rouge subtilement pulvérisé, lequel ait été sublimé, mettez ensemble et mettez à sublimer avec autant de sel décrépité trois ou 4 fois, mets à part et garde l'arsenic qui vient de la sublimation, et lave l'or avec eau claire, laquelle tu changeras tant de fois que le sel en soit dehors. Lors tu le dessècheras et le pulvérisera.

## Vaisseaux de verre de belle invention.

℞ cristal, ♂ orpiment, ☿, sang de dragon et cire vierge ana 1 ℥, ☉ pur 2 ℥, ☾ bonne, ♆ 4, verre 8 ℥, mets toutes ces choses en un pot de terre bien fort de l'épaisseur de 3 doigts et bien plombé et le bouchez d'un couvercle et le boucherez très bien du lut de sapience, et puis le mettez en un petit fourneau et y faites petit feu le 1ᵉʳ jour et le second plus grand et le troisième jour faites grand feu tant que toutes les dites choses soient bien fondues et puis ayez un moule bien fait pour jeter dedans tasses ou gobelet ou autres et dans ce moule jetez ce qui est fondu, ou en plusieurs moules de diverses façons et laissez refroidir votre matière dedans les moules par un jour naturel, puis cassez vos moules et aurez vaisseaux moult précieux, lesquels laverez très bien d'eau de roses et seront plus riches que nul home puisse faire d'or et d'argent et ne se brisent, peuvent être jetés en terre ou frappés au marteau et seront plus clair que nul autre qui sont au monde. [78]

## ☿ de ♄.

Chaux de 1$^{lt}$, autant d'huile de tartre que mettrez dans un matras en digestion sur cendres chaudes l'espace de 24 heures, après remettez le tout dans une cornue bien lutée avec autant pesant de tartre calciné noir que pèse votre ♄, distillez les esprits, retirez les et remettez le récipient avec de l'eau dedans, donnez feu doux pendant une heure, puis l'augmentez petit à petit, sur la fin feu de chasse, et vous aurez votre ☿ en 6 heures.

## Huile de soufre.

Vinaigre fort 10$^{lt}$, sel commun et alun rougeâtre ana 1$^{lt}$, le tout en cornue de verre au bain 10 jours, après distillez comme eau forte et vous aurez un vinaigre très fort. ℞ 4$^{lt}$ de ce vinaigre mettez dedans une livre de fleurs de soufre, laissez fermenter à froid 4 jours, puis au bain en digestion 10 jours, votre soufre alors sera dissout et en eau claire, distillez à feu lent, et cohobez la distillation sur le soufre 7 ou 8 fois et sur la fin votre vinaigre, étant distillé augmentez le feu et le soufre [79] sera en huile au fond, fixe, rouge et clair comme cristal, ne se pouvant plus congeler, 2 ou 3 gouttes de cette huile sur un ducat fondu le rend aussitôt en huile, puis en projection sur ☿ un poids sur 50.

## ☿ de ♂.

Régule 1 part, sel armoniac 2 parts, les sublimer 3 fois dans un vaisseau fermé ; trois fois autant de tartre calciné que vous aurez de sublimation, broyez bien le tout ensemble et mettez dans une cornue que le bout touche dans l'eau du récipient et donnez grand feu à la fin et le ☿ sortira dans l'eau tout vif.

## Fixation dudit ☿.

4 parts d'esprit de sel sur une de ☉, le dissout et le résout en huile, laquelle sur ☿ d'antimoine, étant en matras ou verre propre à ce faire, sur cendres chaudes, jetez peu à peu de ladite huile, le fixe. [80]

## Comment faire le sublimé.

Eau forte de 🜂 et 🜔 ana, dissolvez mercure, étant dissout, jetez dans la dissolution, refroidie sel décrépité la deuxième partie du poids du mercure et laissez reposer 6 heures, puis distillez à feu lent au commencement de peur que les matières n'enflent trop et ne passent, après continuez grand feu, vous aurez sublimé.

## ☿ de ☉

Faites dissoudre 1℥ ☉ dans bonne eau régale, cohobez l'eau six fois par-dessus changeant d'eau de 3 fois en 3 fois et à la dernière faite que le sol demeure presque sec, ce fait ajoutez y 2 onces de bon sel de tartre, 1℥ ✳, 1℥ de sel d'urine, mettez par-dessus ces chose bonne quantité de vinaigre distillé, fermez bien le vaisseau, puis faites putréfier 1 mois au fient ou au bain, chassez par le feu de degrés, et enfin le ☿ montera courant qui passera au récipient, mais la plupart du ☿ montera en poudre blanche avec le ✳, vous ferez après tout bouillir avec vinaigre cru et tartre concassé et verrez le tout réduit en ☿. [81]

## ☿ de ☽.

Faites-la calciner par le sel et ☿ en poudre fort subtile, puis réverbérez 15 jours au four d'un verrier, puis dissoudre et imbibez avec bonne huile de tartre, imbibant et desséchant tant qu'elle en ait bu 4 fois son poids, puis faites tout dissoudre dans bonne eau forte faite d'une livre de ♄ (Ⱥ) et autant d'alun et 4℥ de cinabre, étant bien rectifiée par 3 ou 4 fois, que la dissolution soit dans un grand matras de peur que l'eau forte ne fasse tout casser, laissez putréfier 8 jours, puis retirez l'eau forte par distillation, la matière étant bien sèche, jetez dessus eau commune fort chaude, remuant et broyant tant que voyez la ☽ en ☿. L'eau forte ci-dessus est meilleur de 2$^u$ de ⊕ et 1$^u$ ♄ et 4℥ cinabre.

Ⱥ. Il peut y avoir d'une livre de sel de tartre et autant d'alun, car il y a d'autres procédés qui ont de pareil menstrue, c'est pourquoi ce sera à ton jugement ou expérience. C'est du ♄ sel de tartre.

## Autrement.

Ayant fait dissoudre 1 ℥ ☾ dans ladite eau forte d'alun et ♄ seulement, vous y ajouterez 6 de bonne huile de tartre, fermez bien le vaisseau et laisserez putréfier 1 mois ou 3 semaines, retirez les humidités, puis laissez à l'air le vaisseau, vous verrez une matière noire pleine de grains de ☿ que vous ferez avec eau chaude. Voyez dans le cahier marqué B. [82]

*Je croirai que cette eau forte doit être de sel de tartre et d'alun ou de 🜨. Cela est vrai il faut du ♄.*

## Blanc de ♀ par projection.

Sel de ♃ 1 ℥, de saturne 1 ℥, du ☿ 2 ℥, dissolvez chacun à part en vinaigre distillé et les rectifiez 7 fois par le bain, après mettez ensemble toutes les dissolutions, évaporez à siccité, dissolvez-les encore en nouveau vinaigre et coagulez, réitérez par trois fois, vous aurez une médecine qui va un poids sur 10 de ♀ purgé.

## Autre.

Alun de roche, sel nitre ana 2$^{lt}$, armoniac ½$^{lt}$ en poudre, et faite eau forte, prenez le *caput mortuum* de votre de votre eau forte et remettez votre eau par-dessus, distillez comme auparavant et réitérez 2 fois et votre dissolvant sera fait. Prenez étain fin en limaille ½$^{lt}$ dissolvez en trois fois autant de votre dissolvant, étant dissout vous passerez par la cornue jusqu'à siccité, gardez votre dissolvant qui vous servira encore. Prenez le culot, pulvérisez [83] et humectez d'huile de tartre faite à l'ordinaire, faite sécher et humectez 3 fois, puis le mettez à la cave, il dissoudra, recongelez et dissolvez et faites toujours jusqu'à ce qu'il ne se dissolve plus et votre poudre sera faite, dont vous projetterez 2 poids sur 50 de ♀ préparé.

## ☿ en argent.

Dissolvez ☽ en eau forte où il n'y ait point de vitriol, 3 fois autant que de ☽, prenez autant de ☿ que de lune, dissolvez séparément et cohobez ensemble 3 fois, puis fondez avec borax, la poudre que vous trouverez donnera près de 3 en argent fin et si elle est fixée elle donnera un poids sur 20 de ♀ purgé. [84]

## Des sels.

## Sel d'urine.

Prenez de l'urine, laissez-la reposer quelques jours, qu'elle pose bien ses fèces, prenez le clair et le mettez dans un vaisseau pour la faire évaporer par ébullition jusqu'à ce qu'il devienne sec comme une pierre, lequel sel broieras et feras résoudre en eau claire commune et la laissera reposer afin que l'impureté se repose au fond, puis sépare le clair des fèces et congèle le clair dans un vaisseau de terre et tu auras le sel d'urine.

## Usage.

Le sel d'urine est entièrement volatil au poids des autres qui se trouvent stables et assez fixes, il prépare les autres choses minérales qui peuvent être réduite en une nature volatile.

Le sel nitre a aussi sa cause et avancement et naissance du sel d'urine de l'homme, et les autres animaux, d'autant que la mère du salpêtre est nourrie du sel d'urine et en est alimentée, mais l'usage de ce sel en la médecine est ainsi, on prend une dragme résoute dans esprit de vin ou dans baume de soufre qui est meilleur, il guérit la phtisie et toutes les maladies des poumons, ôte la courte haleine et guérit la pleurésie. [85]

## Pour les goûtes.

On fait aussi un bain de ce sel avec d'autre sel propre qui ait un grand allégement, qui est pour tirer dehors et pour apaiser les goûtes et soulager incontinent, à savoir on prend 12 pots d'eau chaude dans laquelle résoudra de ce sel 6$^{u}$, de sel de tartre 3$^{u}$ et le laisser bouillir quelques ondes, puis la dedans les mains et les pieds quelque temps tant chaud qu'on le pourra endurer, réitérez cela 3 ou 4 fois et l'eau tirera dehors tout le phlegme et la matière coagulée desquelles la podagre prend sa source et origine, il ouvre les pores des sueurs et fait une bonne résolution des endurcissements intérieurs de tous les membres, mais il faut que cela se fasse dans une étuve sèche qui occasionnera une sueur, alors on verra ce que ce sel fera paraître de particulier à cette maladie.

Le sel d'urine est aussi trouvé profitable quand l'archéus cesse d'opérer et que sa substance salée veut commencer à faillir par de particuliers accidents de la haute région, parce qu'il peut être faite une restitution et que la première matière peut être restaurée et par ce moyen peut être réduit en son premier être et parfaite opération, d'autant qu'un esprit de sel peut assister et secourir son semblable. [86]

## Augmentation de ☉.

Pilez et mêlez bien ensemble cinabre, ✳, et ⊕ de chypre ana 1 ℥, verdet demi once, ferrète d'Espagne, émeri rouge de lion et borax ana 2 gros, le tout bien pilé et mêlé, mettez le dans un goder de grès ou de verre un peu grand à cause de l'ébullition, et versez par-dessus doucement 1 ℥ de ⚬⚬ de ⊕ et un quart d'heure après jetez-y encore demi once de ☾ dissoute en une once d'Æ de ⊕ et ⊕ et faites évaporer lentement remuant de temps en temps avec un petit bâton, et la poudre étant bien sèche faites en 4 ou 6 petits paquets de papier et en projetez un dans la fusion d'une once de ☉, qui soit en belle fonte et couvrez le ✝ qu'il n'y entre point de charbon, et laissez ainsi jusqu'à ce que le creuset ne fume point et que la matière paraisse, alors jetez en un autre et faites de même de tous vos paquets entretenant toujours bon feu pour maintenir la manière en fonte, autrement les poudres s'évaporeraient sans effet, et demi-heure après la dernière projection, les fumées étant passée, retirez le ✝, laissez refroidir et cassez et vous aurez un culot d'une once et demie de ☉ . [87]

## Congélation.

Sel de tartre et soufre ana, pilez et mêlez ensemble, et les sublimez. ℞ ce sublimé et le mettez et le mettez dans un ☌ et du ☿ au fond avant la poudre et sublimez encore le tout au feu de sable 6 heures à chaque sublimation et le ☿ restera au fond que personne ne peut vivifier.

Dissolvez 2 parties de ce ☿ et 3 de bonne ☾ en Æ, et aussi de ♃ blanc deux parties, joignez ces dissolutions ensembles et les congelez et les mettez en poudre, et de cette poudre projetez un sur 200 ou sur 100 de ☿ chaux et sera ☾ fine.

## Poudre pour adoucir.

| | |
|---|---|
| Salpêtre. ⎫ | |
| Tartre blanc. ⎬ | 8 ℥ fulminés ensemble. |
| Sel armoniac. | ½ ℥. |
| Borax. | 1 ℥. |
| Alun calciné. | 1 ℥. |
| Savon. | 1 ℥. |

Pulvérisez le tout, mêlez et gardez pour votre usage. [88]

## Table des Symboles.

| | |
|---|---|
| Eau forte. | ▽ |
| Eau Régale. | ▽ |
| Huile. | ° ° |
| Esprit. | V̵ |
| Essence. | △s |
| Esprit de vin. | ⚥ |
| Eau de vie. | ⍒ |
| Vinaigre. | ✚ |
| Vinaigre distillé. | ✚ |
| Eau. | ▽ |
| Feu. | △ |
| Air. | △ |
| Terre. | ▽ |
| Matière. | m̄ |
| Or. | ☉ |
| Argent. | ☽ |
| Fer. | ♂ |
| Cuivre. | ♀ |
| Étain. | ♃ |
| Plomb. | ♄ |
| Vif argent. | ☿ |
| Salpêtre. | ⊖ |
| Alun. | ⬭ |

[89]

Sel commun.

Sel commun décrépité.

Alun calciné.

Matière calcinée.

Matière sublimée.

Alun de plume.

Soufre commun.

Soufre rouge ou réagal.

Arsenic.

Orpiment.

Verdet.

Aes ustum.

Tutie.

Tartre rouge.

Tartre blanc.

Sel de tartre.

Antimoine.

Creuset.

Matras.

Fourneau.

Sable.

Cendre.

Bain marie.

[90]

Cucurbite.

Terrine.

| | |
|---|---|
| Mercure sublimé. | ☿ (symbol) |
| Mercure précipité. | ☿ (symbol) |
| Plomb calciné ou minium. | ♄ (symbol) |
| Céruse. | ♄ (symbol) |
| Sel de Saturne. | ♁ (symbol) |
| Sel de Jupiter. | ♃ (symbol) |
| Sel de Mars. | ♂ ou ♂ (symbol) |
| Sel de Vénus. | ♀ ou ♀ (symbol) |
| Sel armoniac. | ✳ ♓ (symbol) |
| Sel gemme. | ⋈ (symbol) |
| Sel alkali. | ⧖ (symbol) |
| Chape. | △ (symbol) |
| Matière distillée. | m |
| Amalgame. | $\overline{aaa}$ |
| Stratifier. | SSS |
| Esprit de sel. | (symbol) |
| Esprit de vitriol. | (symbol) |
| Esprit de nitre. | (symbol) |
| Huile de vitriol. | (symbol) |
| Huile de sel. | (symbol) |
| [91] | |
| Huile de tartre. | (symbol) |
| Cristaux. | (symbol) |
| Jour. | (symbol) |
| Nuit. | (symbol) |

| | |
|---|---|
| Heure. | ☒ |
| Livre. | ℔ |
| Once. | ℥ |
| Demi once. | ½ ℥ |
| Dragme ou gros. | ʒ |
| Denier. | 24 grains. |
| Scrupule. | 18 grains. |
| Cinabre. | 🜓 |
| Beurre d'antimoine. | ฿ |
| Antimoine. | ◇ |
| Vitriol rubéfié. | ⊕〜 |
| Huile. | ⊕ |
| Cucurbite. | Ⓧ |
| Poudre. | 🜍 |
| Evaporer. | ▽ |
| Soleil blanc. | ♂ |
| Distiller. | ♋ |
| Esprit. | — |
| Esprit de vin. | ÷∵ |

# Traité des Sels Enixes

Anonyme

Ms 1027 de la

Bibliothèque d'Orléans

## Le 28 de novembre de 1667,

## J'ai fait et accompli les Sels Enixes

## et admirables ainsi qu'il ensuit

## Premièrement Le Sel Sulfureux.

Prenez sel commun 1 livre, huile de vitriol 1 livre, dissolvez le sel commun dans autant d'eau de pluie qu'il lui en faut pour le dissoudre. La dissolution étant faite, filtrez-le, puis jetez dans la liqueur filtrée votre livre d'huile de vitriol, agitez bien le tout ensemble dans un grand vaisseau ou matras, puis le filtrez derechef et versez la filtration dans une grande cucurbite de grès et non de terre ni de verre à cause que quand le sel se vient à dessécher et que l'esprit est retiré il casse l'un et pénètre l'autre.

L'ayant donc mis dans la cucurbite de grès vous y joindrez son Chapiteau que vous luterez bien, puis le mettrez sur le fourneau à feu de sable enfouissant la cucurbite jusqu'à la hauteur de la liqueur puis donnez feu doux du commencement pour faire sortir le flegme et lorsque la liqueur commencera de devenir acide, changez de récipient et augmentez le feu et le continuez dans ce degré de chaleur jusqu'à ce qu'il ne distille plus rien et que le sel demeure sec au fond du vaisseau pour lors augmenter un peu le feu et le continuez un bon quart d'heure puis laisser le tout refroidir.

Le tout étant froid versez le flegme dessous le sel et distillez à feu doux jusqu'à ce qu'il commence de sortir acide pour lors cessez le feu et laissez le tout refroidir. Étant froid versez dessous tout votre esprit acide et le distillez et cohobez deux ou trois fois et à la dernière fois distillez-le dans une cornue de verre lutée et lui donnez bon feu sur la fin et laissez le tout refroidir. Cassez la cornue et en séparez le sel et vous aurez un sel admirable sulfureux bien préparé que vous garderez dans un vaisseau fermé pour vous en servir aux usages ci-après.

## Sel Mercuriel.

Prenez 1 livre de Nitre et 1 livre d'huile de vitriol mêlez-les ensemble et procédez en tout et partout comme je viens de dire ci dessous du sel sulfureux et gardez ce sel en vaisseau bien clos.

## Autre Sel Mercuriel.

Prenez 2 livres de nitre et autant de vitriol vert d'Allemagne, pilez les chacun à part et les mêlez ensemble, puis les mettez dans une grande cornue de grès et en tirez les esprits ou eau forte à la manière suivante.

Posez votre cornue dans le fourneau propre à tirer les Esprits et y joignez un grand ballon ou récipient que vous luterez bien aux jointures et donnez feu doux d'abord et le continuez en ce degré jusqu'à ce qu'il ne distille et ne sorte plus aucune liqueur, pour lors augmentez le feu peu à peu jusqu'à ce qu'il sorte des fumées blanches, puis l'augmentez encore un peu jusqu'à ce qu'il en sorte de rouges qui sont les Esprits Sulfureux du Nitre et le tenez en ce degré de feu jusqu'à ce qu'il ne distille plus rien. Lors augmentez le feu du dernier degré en sorte que toute la cornue rougisse comme le feu même. Cela étant laissez refroidir le tout puis versez les esprits qui sont dans le récipient dans une bouteille que vous boucherez bien avec de la cire gommée.

Prenez les fèces ou *Caput mortuum* qui sont demeurée dans la cornue pilez les en poudre subtile et les faites dissoudre dans de l'eau de fontaine ou de pluie, les faisant bouillir sur le feu, puis filtrer la dissolution et la faites évaporer dans une terrine de grès et vous aurez un beau sel blanc que vous garderez dans une boite pour votre usage. Ce sel est appelé par certains docteurs sel de Polychreste et par d'autres sel ou nitre vitriolé, il purge pris à la dose de six gros dissous dans une chopine d'eau de fontaine.

## Autre Sel Mercuriel faite le 23 de février de 1668.

Prenez nitre 1 livre, crème de tartre 3 onces, charbon pilé et cristal ou cailloux de rivière chacun 1 once, mettez le tout en poudre séparément, puis les mêlez ensemble et les jetez peu à peu dans un pot de grès bien luté tout rouge posé au four à vent, le tout étant fondu tenir à ce degré de feu de fusion jusqu'à ce qui en ayant jeté un charbon ardent dedans il ne brûle plus et qu'il soit fixe, cela étant laissez-le en cet état une bonne demie heure de temps, et sera fixe. Faites le ensuite dissoudre dans de l'eau de pluie et le filtrez par la mèche de coton et le coagulez, puis le réduisez en poudre et la faites résoudre à l'air en huile par *deliquium* ; nous en avons en étant filtré comme il est dit 17 onces.

Prenez cette huile ou liqueur et la mettez dans une forte cornue de verre, puis y versez peu à peu autant de bonne huile de vitriol qui causera une grand ébullition et chaleur, cela étant fait posez la cornue au fourneau sur le sable et lui donnez feu par degrés doux au commencement il sortira d'abord une eau insipide et quand elle cessera augmentez le feu, il sortira une eau visqueuse ou huile fort acide, continuez ce feu jusqu'à ce qu'il ne sorte plus aucune liqueur et que la matière qui reste dans la cornue soit toute rouge comme le feu même.

J'ai eu 10 onces de flegme, 6 onces d'eau visqueuse ou huile et il est resté dans la cornue une masse laquelle étant refroidie s'est trouvé peser 15 onces ce qui est remarquable parce que je n'avais mis que 17 onces de liqueur qui était un sel résout à l'air ainsi a été fait ce sel mercuriel. Ensuite je l'ai réduit en poudre et dissout dans de l'eau de pluie distillé chaude, puis l'ai filtré et évaporé et il m'est resté un sel fort blanc et fusible d'un goût un peu acide et qui est tout à fait volatil et par tant n'est pas propre pour la dissolution des métaux, mais c'est un grand remède et un grand diurétique, la dose est de 20 et jusqu'à 30 grains dans un véhicule convenable.

## Manière de faire le Sel de Tartre.

Prenez le tartre calciné à noirceur qui est resté dans la cornue lorsque vous en aurez tiré l'esprit et l'huile comme il est dit au chapitre du Mercure, dissolvez le dans de l'eau chaude et le filtrez et coagulez par deux ou trois fois jusqu'à ce qu'il soit bien blanc et le gardez pour l'usage du tartre vitriolé et divers autres usages comme il sera dit ci après.

## Tartre Vitriolé.

Prenez 1 livre de ce sel de tartre et le dissolvez dans une quantité suffisante d'eau de pluie distillée puis le filtrez, versez sur la liqueur filtrée une livre d'huile de vitriol (Rectification de l'huile de vitriol) bien rectifiée et purifiée de son soufre noir ce qui se fait en y

mêlant 2 livres d'eau de pluie et la digérez au B.M
24 heures, puis la filtrez et séparez ce soufre onctueux
qui s'est précipité.

Mettez cette huile ainsi purifiée avec la livre de
sel de tartre dissout peu à peu puis le mélangez, étant
fait, mettez-le tout dans une grande cucurbite de grès et
distillez jusqu'à sec et le sel qui vous restera au fond
du vaisseau est un véritable tartre vitriolé qu'il faut
réduire en poudre et le farder dans un vaisseau de verre
bien clos.

La dose est de puis un scrupule jusqu'à une
drachme dans un bouillon de veau ou de poulet le matin
à jeun il fait merveilles pour les obstructions de la rate
et du foie et est excellent dans les fièvres continues.

## Manière de faire les Sels Enixes imprégnées des Corps métalliques.

Dissolvez du vitriol fondu dans du régule
spirituel à la dose de la Panacée antimoniale aurée
dans du sel Enixe Sulfureux à la dose de 8 ou 10
parties de sel contre une de sel aurée. Laissez en fonte
dans ce sel par l'espace de 3 heures, ensuite jetez dans
le mortier de cuivre puis le pilez et dissolvez en eau de
pluie et filtrez et précipitez en soufre rouge par le
moyen de son esprit que dessécherez.

Prenez ce soufre et le fondez dans 8 parties de
sel enixe dans un creuset par l'espace d'une heure, jetez
ce sel dans un mortier chaud et vous aurez un sel ou

rubis d'antimoine et or fait sans addition de charbon. Pulvérisez ce sel ou rubis d'antimoine rouge et le dissolvez dans de l'eau et y joignez autant d'huile de vitriol ou de soufre et distillez et vous aurez un sel imprégnée admirable pour la médecine propre contre toutes les maladies ou l'or est spécifique.

Notez qui si vous fondez ce sel dans un creuset d'Allemagne et y ajoutez la dixième partie de chaux d'or faite comme il est dit au chapitre du Soufre, votre sel étant bien alcalisée si vous ajoutez de la Lune corporelle et les laissez en fusion pendant six heures elle se graduera en or. Ou bien mettez votre sel en poudre et de ce sel cimentez en des lamines de lune par la voie sèche, elle se convertira en or.

Ou bien par la voie humide en cette sorte ; dissolvez ce sel dans de l'eau de pluie, filtrez la dissolution et dans cette filtration faites y bouillir des lamines de lune pendant 12 heures ou du mercure commun préparé comme il est dit au Chapitre du soufre, au poids de l'or qui est dans le sel dissout, ils de convertirons en or par cette voie humide.

## Autre manière de faire le Sel admirable imprégné des corps métalliques.

Prenez nitre, tartre et soufre commun ana, jetez dans un creuset les dites poudres bien mêlés avec le régule spirituel fondu avec le Sol tenez le tout en fonte pendant 2 ou 3 heures puis jetez dans le mortier, dissolvez, filtrez et précipitez avec un acide dans le vaisseau précipitatoire philosophique pour en séparer les esprits ou or volatil séparez ce soufre et le séchez.

Fondez ce soufre avec le sel commun et vous aurez un sel rouge, dissolvez le avec eau de pluie, versez dans la solution de l'huile de vitriol ou de soufre dans le même vaisseau ci dessous dit et le distillez jusqu'à sec et vous aurez un bon sel enixe et imprégné admirable pour la médecine, donné en véhicule convenable à la dose du premier sel décrit ci devant.

Notez que si vous précipitez la première solution du sel de nitre, tartre et soufre avec un esprit de nitre on en peut faire un sel mercuriel admirable. Si vous la précipitez avec l'esprit de sel commun vous en pouvez faire un sel enixe sulfureux les fondant et dissolvant en eau et versant de l'huile de vitriol ou de soufre au même poids par dessus comme dit est.

Que si vous en précipitez une partie avec esprit de nitre et l'autre avec esprit de sel et si vous joignez le tout ensemble vous aurez un excellent sel Androgyne imprégné.

Notez que l'on peut faire un sel enixe imprégné avec le Régule Spirituel de Mars et de Vénus et des autres métaux de la même manière qui est dit ci-dessous.

## Manière de faire le Sel Androgyne qui sert à beaucoup d'opérations décrites ci-après au chapitre du Soufre.

Prenez une partie de sel sulfureux et une partie de sel mercuriel et les dissolvez chacun à part en eau de pluie, mêlez les dissolutions et les filtrez, puis les mettez dans le vaisseau précipitatoire philosophique et après versez dessus autant de huile de vitriol ou de soufre comme il y a de sel dissous, puis distillez l'esprit volatil doucement que vous mettrez à part et ensuite tout l'esprit acide jusqu'à siccité et vous aurez un sel androgyne ou admirable propre pour la dissolution de tous les métaux et principalement du mercure et propre pour en faire de bons médicaments et plusieurs sortes de Panacées métalliques.

Il est aussi excellent pour la médecine étant un puissant diurétique pris à la dose de 12 ou 19 grains dans des eaux diurétique ou dans un bouillon de veau le matin à jeun, il est aussi très bon pour chasser la fièvre.

## Manière de faire le Sel Magnette qui sépare l'eau du Vin.

Prenez une part de sel admirable mercuriel fait du nitre et de vitriol et deux parties d'esprit de nitre concentré comme il est dit au chapitre du mercure, faites premièrement calciner votre sel au soleil puis le mettez dans vaisseau et versez goutte à goutte sur votre sel calciné l'esprit et laissez reposer en lieu froid, il se formera des cristaux.

Prenez 8 onces de ces cristaux mettez-les dans une fiole bien bouchée posez fiole dans la glace ou neige pendant un peu de temps, puis mettez cette fiole dans un vaisseau ou il y aura du vin, laissez-y là seulement l'espace d'un Pater et d'un Ave, retirez la fiole et vous verrez qu'elle aura attiré tout autour d'elle les parties hétérogènes du vin en vrai glace, lesquelles vous ôterez puis ce tremperez derechef cette fiole dans le vin et vous verrez la même chose et ainsi continuerez jusqu'à ce qu'il ne s'y attache plus rien, pour lors le vin sera dans sa pureté, séparé de tout ce qui n'est point de sa nature et ainsi vous aurez un vin sans pareil.

Notez que en approchant cette fiole proche la bouche elle congèle l'haleine comme soi en forme de glace.

## Esprit de Nitre.

Prenez une part de nitre et 3 parts de terres de pipes en poudres, mêlez le tout ensemble et mettez dans une cornue bien lutée, posez-la au four de réverbère et y ajoutez un grand récipient ou ballon ou même un vaisseau à deux pointes, donnez le feu par degrés alors jusqu'à ce que tout l'esprit soit sorti et que l'on voie la cornue toute rouge de feu sans aucun nuage et alors l'opération est faite de 12 onces de nitre bien pur, vous devez avoir 10 onces d'esprit.

Remarquez que si vous cohobez cet esprit sur les terres qui on servi à faire son extraction par sept fois les broyant bien chaque fois quand vous les imbibez dudit esprit, puis retirerez le superflu dans une cucurbite de terre et non de verre, dans la dernière fois vous le coagulerez tout en sel.

L'on peut se servir au lieu de terre de pipes de terre de calamine qui le coagulera encore mieux ou de l'alun qui lui fait mieux rendre son esprit volatil dont on fait un sel admirable volatil avec l'esprit de sel ammoniac urineux.

## La grande Panacée Antimoniale aurée ou le Soufre d'Antimoine et de Soleil sont exaltés.

### Faite le 17 d'octobre de 1667

Prenez 3 onces de régule d'antimoine spirituel fait comme il sera dit ci-après, or pur 1 once, fondez le régule et l'or ensemble, puis étant fondus réduisez les ensemble en poudre et les mêlez avec autant de charbon.

Prenez une livre et demie de sel enixe fait de sel sulfureuse et le fondez dans un bon grand creuset d'Allemagne, étant en bonne fonte jetez peu à peu du charbon pilé jusqu'à ce que votre sel soit bien alcalisé et qu'il soit en fonte claire comme l'eau.

Pour alors jetez y peu à peu un petit paquet de votre poudre d'or régule et charbon, mêlez ensemble les laissant bien fondre et y jetterez un peu de charbon et continuerez à mettre vos paquets ainsi l'un après l'autre jusqu'à ce que le sel ait tout mangé et dévoré : cela fait laissé en bonne fusion l'espace de deux ou trois heures y jetant de temps en temps de petits charbons et si le sel diminue il le faut insérer avec nouveau sel sulfureuse.

Cela fait jetez le dans un mortier chaud puis le laissez prendre et un peu refroidir et le réduisez en poudre tout chaud et le jetez dans une grande bouteille dans laquelle il y ait de l'eau de pluie distillé chaude, puis le faites bouillir au feu de sable jusqu'à ce que l'eau soit extrêmement rouge puis la filtrez et précipitez ce qui en est sorti quand on a fait le sel sulfureuse. Adoucissez bien le précipité et le faites sécher puis le gardez pour l'usage. La dose est depuis 5 à 6 grains jusqu'à 19 ou 20 pour toutes maladies dans des véhicules convenables.

# La manière de faire le Régule spirituel ou mercuriel de la poudre Émétique ou Mercure de Vie.

Prenez du beurre d'antimoine fait comme il est dit au chapitre du mercure et le faites fondre, puis versez par-dessus une bonne quantité d'eau chaude pour le faire. Cailler et précipiter, l'eau attirera à soi l'esprit vitriolique du sublimé qui a calciné le régule d'antimoine et le fera précipiter en bas en poudre blanche qu'il ne faut pas laver mais le faire sécher à feu doux dans un bon papier.

Prenez 8 onces de cette poudre émétique et 1 once du même mercure qui s'est revivifié en faisant la poudre émétique (que vous congèlerez avec l'eau vitriolique en la faisant évaporer dessus) mêlez bien le tout ensemble et en faites une pâte avec un peu de sel de tartre et une quantité suffisante de savon mol dont vous formerez des boulettes ou petites pelotes que vous mettrez dans une cornue de verre luté de grandeur suffisante que vous poserez sur une brique, le bec de laquelle trempera dans une terrine pleine d'eau, donnez petit feu de roue autour de la cornue l'approchant peu à peu tant que l'eau ne bouillonne plus et qu'il ni ait même plus d'humidité ce qu'étant donnez feu de fonte pendant une bonne demie heure, puis laissez refroidir et vous trouverez au fond de la cornue votre régule clair et blanc comme argent que s'il n'était pas assez pur il faudrait refondre dans un creuset bien luté et ainsi vous aurez votre régule spirituel antimonial mercuriel propre à faire la panacée comme il est dit ci devant.

## Remarques sur cette panacée.

Cette panacée auparavant que d'être précipitée par son propre acide c'est-à-dire étant unie avec sel admirable et étant dissoute dans l'eau de pluie distillée et filtrée, si vous y mettez du mercure ou des lamines de lune fort déliée bouillir dedans par l'espace de 24 heures ils se transmutent en sol, mais il faut que les lamines soient préparées comme il s'ensuit.

Prenez des lamines de lune fort déliées que vous mettrez $SSS$ avec sel commun purifié dans un pot de terre plein de sable lequel vous poserez sur un petit trépied ou tuilôt et le murerez de briques, laissant assez d'espace entre le pot et la brique pour mettre du charbon, vous le couvrirez ainsi tout de charbon et y mettrez le feu, puis le laissez refroidir et vous trouverez une masse dans votre pot qu'il faut casser pour en séparer vos lamines lesquelles vous nettoierez et starifierez, tirez derechef avec nouveau sel faites cela 8 fois et votre lune sera belle et bien préparé.

Notez en second lieu que si le beurre d'antimoine est simple le régule spirituel qui en est fait et la panacée faite avec icelui ne transmue pas si bien la lune en soleil que le fait le mercure. Mais si dans la distillation du beurre d'antimoine vous y mettez une quatrième partie de limaille de fer le beurre passe rouge, qu'il faut précipiter et le régule en est bien plus tingents.

En troisième lieu notez que si vous dissolvez la lune dans un sel admirable mercuriel et joignez cette dissolution à celle de la panacée, elle se transmue en sol plutôt et mieux.

Quatrièmement remarquez que vous pouvez préparer aussi votre beurre avec limailles de fer et cuivre ou crocus de Mars et vert-de-gris.

Cinquièmement Sachez que la liqueur de la dissolution de la panacée dans le sel admirable fixe tous mercures.

Sixièmement remarquez que le Régule de Mars Spirituel et celui de Vénus unis ensemble ana, en prendre trois parties contre une de soleil puis fondez ensemble on peut les réduire en panacée comme il est dit ou bien étant mêlé avec 3 fois autant que son poids de mercure sublimé qu'il passe tout en beurre par le bec de la cornue, lequel beurre on peut encore ressusciter en régule et ensuite en faire une panacée plus teingente et de plus grande force tant pour la santé que pour la transmutation.

Septièmement si vous voulez rendre votre panacée bien spécifique contre la maladie vénérienne il ne faut mettre avec la poudre émétique quand vous voulez faire votre régule spirituel qu'une quatrième partie de mercure puis ce régule réduit en panacée comme il est dit donné a la dose de 10/919 et jusqu'à 20 et 30 grains guérit cette maladie et donne un flux de bouche doux.

Mais pour la spécifier aux autres maladies il faut alcaliser le sel admirable avec des charbons faits avec les végétaux spécifiques au mal et dissoudre la solution de sel admirable qui a dévoré le régule animé de l'or dans de l'eau distillé du même végétale. Par exemple si c'est pour le mal caduc il faut alcaliser avec le charbon fait de la racine de peone ou pivoine mâle et dissoudre dans l'eau de la même plante.

## La manière de faire la Panacée Aurée mercurielle pour les maladies Vénériennes.

Dissolvez en 8 ou 10 onces de sel androgyne 1 once de soleil l'ayant auparavant bien alcalisé comme est dit ci devant et l'ayant tenu en fonte 12, 19 ou 20 heures tant plus tant mieux dissolvez dans de l'eau de pluie distillé le sel, filtrez-le et dans la filtration ou lessive dissolvez-y une once de mercure en la faisant bouillir dans un matras par l'espace de 20 ou 30 heures, ensuite laissez digérer la solution l'espace de 30 ou 40 jours dans lequel temps tout le Sol et mercure dissout se précipitera en soufre que vous séparerez de la lessive par le filtre et le dessècherez.

Prenez ce soufre mercuriel Solaire et incombustible, dissolvez-le derechef en quantité suffisante de sel androgyne et le tenez en fonte pendant 24 heures, si le sel manque insérez-le du même sel et le mercure est transmuté en soufre lequel est tingent et est notre panacée aurée mercurielle. La dose est de 10 jusqu'à 19 et 20 grains dans toutes les maladies vénériennes.

Notez que la solution de cette panacée transmue les lamines de lune comme celle d'antimoine aurée ci devant décrite en fort bon soleil.

Notez aussi qu'il se peut faire quelque utilité dans la transmutation en cette sorte, prenez du soufre d'or exalté comme il est dit ci-dessus 1 once, de soufre d'antimoine aussi exalté comme ci devant 1 once joignez ces deux soufres ensemble et les fondez en quantité suffisante de sel androgyne par 12, 15 ou 20 heures puis faites lessive dans laquelle vous mettrez à digérer les lamines de lune préparé comme il est dit ci-devant puis passez le tout à la coupelle et aurez de l'utilité.

## Panacée simple de tous les métaux.

## Panacée ou Soufre d'Soleil ou Or Potable.

Prenez 8 onces de sel enixe sulfureuse avec 1 once d'or en chaux ou en feuilles faites fondre le sel dans un bon creuset d'Allemagne et lorsque elle sera en fonte jetez dessus de petits morceau de charbon jusqu'à ce qu'il soit bien alcalisé ce qui se connaît lors qu'on le voit dans le creuset comme eau claire.

Pour lors jetez y votre Sol que vous aurez mêlé avec autant de charbon broyé et mis en petits paquets, le jeter de temps en temps dans ledit sel fondu jusqu'à ce qu'il ait tout dévoré votre sol et charbon et que le sel soit devenu tout rouge pourpre ce que vous connaîtrez en prenant un peu au bout d'une verge de fer, pour lors laissez le encore en fonte 3, 6. 10 ou 12 tant plus tant mieux. Si le sel diminue il le faut insérer avec de nouveau. Cela fait versez le tout dans un mortier chaud puis étant un peu refroidi mettez le en poudre que vous dissoudrez dans 3 ou 4 fois son poids d'eau de pluie distillé en le faisant bouillir dans une grande bouteille ou matras par 4 ou 9 heures, filtrez la dissolution et la précipitez par son esprit qui à été tirée lorsque l'on a fait le sel enixe, adoucissez le précipité et le dessécher et vous aurez la panacée simple de l'or,, la dose de 2 jusqu'à 6 ou 8 grains dans un véhicule convenable contre les maladies du cœur.

Notez que si vous faites évaporer la solution filtrée auparavant la précipitation en sel et que vous refondiez ce sel dans un nouveau creuset l'espace d'une heure puis le jetez dans un mortier et le réduire en poudre dans un matras avec esprit de vin vous en tirerez une teinture rouge comme du sang qui est la vraie teinture de la panacée de l'or ou or potable de Glauber qu'il faut digérer sur le Sable par 2 heures.

Notez qu'il faut mettre de l'esprit de vin sur ce sel jusqu'à ce qu'il ne tire plus de teinture, mêler tous vos esprits teints ensemble dans une cucurbite et retirez tous les esprits de vin au bain marie jusqu'à consistance d'huile que filtrerez et aurez la vrai teinture.

Notez que votre sel ne donnant plus aucune teinture à l'esprit de vin il le faut dissoudre dans de l'eau de pluie pour le filtrer, puis précipiter ce qu'il y aura ou pourra encore avoir de soufre d'or par le moyen de son esprit acide que l'on peut garder avec ce qui est dans le filtre pour faire une semblable et nouvelle opération.

Notez aussi que quand vous voulez tirer la teinture du sel avec esprit de vin il le faut faire digérer sur le sable chaud pendant l'espace de 24 heures.

## Panacée simple de la Lune.

Dissolvez mercure corporel de lune qui est la lune précipité par eau salée, en sel enixe mercuriel comme est dit ci-dessous de l'or, puis le dissolvez en eau de pluie distillée puis filtrez et précipitez avec son propre esprit acide, édulcorez le précipité et vous aurez la panacée simple ou le soufre simple de la lune, singulière à toutes maladies du cerveau, la dose est depuis 4 jusqu'à 6 grains.

Notez que l'on peut en tirer la teinture avec esprit de vin comme il est dit ci devant de l'or.

## Panacée simple ou soufre de Vénus.

Faites dissoudre la limaille de cuivre en sel enixe sulfureuse comme il est dit de la panacée de l'or puis le dissolvez en eau de pluie, filtrez et précipitez avec esprit acide et vous aurez un beau soufre qui est la panacée simple de Vénus, excellente contre les venins, la dose est depuis 1 grain jusqu'à 4 grains.

Notez que si vous dissolvez ce soufre en sel enixe sulfureux avec autant de soufre de sol vous en ferez une panacée ou grand antidote contre tous les venins la dose est d'un grain jusqu'à quatre.

## Panacée simple ou Soufre de Mars.

Cette panacée se fait de la même manière que celle de Vénus et se joint aussi avec celle du Soleil et si peut fixer.

## Panacée ou soufre simple de Saturne.

Dissolvez du mercure corporel de Saturne qui est le Saturne dissout en eau forte et précipité par l'eau salée, en sel enixe mercuriel comme il est dit en la panacée de la lune, puis le dissolvez, filtrez et précipitez avec son propre acide en un soufre rouge qui est la panacée simple de Saturne qu'il faut encore dissoudre en sel enixe deux ou trois fois, puis dissoudre, filtrer et précipiter. Elle fait merveilles en toutes sortes d'inflammations, la dose est de 5 a 6 grains jusqu'à 12.

## Panacée simple ou soufre de Jupiter.

Dissolvez mercure corporel de Jupiter fait comme celui de Saturne en sel enixe sulfureuse ou androgyne comme il a été dit ci devant du soleil, dissolvez le, filtrez et précipitez avec son propre esprit acide et vous aurez un soufre doré singulier contre toutes les maladies ou le Jupiter est propre. Sa dose est comme au saturne et il se peut graduer tout de même.

## Panacée du Soufre commun.

Faites fondre le soufre commun avec sel de tartre dans un creuset pendant 8 ou 10 heures, puis faites lessive, filtrez et précipitez avec vinaigre distillé et vous aurez un beau soufre qu'il faut remettre en nouveau sel puis dissoudre, filtrer et précipiter. Ensuite dissolvez le en sel enixe sulfureux deux fois de suite dissoudre, filtrer et précipiter, duquel soufre vous tirerez ensuite la teinture avec esprit de vin, puis le circulerez et distillerez jusqu'à consistance de miel. Cette huile est un puissant baume pour le poumon, la dose est depuis 3 jusqu'à 6 gouttes en des véhicules convenables.

## Manière d'exalter les soufres métalliques du soufre de l'or.

Prenez sel enixe 10 onces, poudre de charbon demie once, mêlez et fondez dans un creuset puis jetez y peu à peu de la chaux de l'or, mêlez avec son poids de charbon pilé. Sur 10 onces de sel il y faut mettre une once de chaux de Sol mêlé avec demi once de charbon pilé en poudre qu'il faut jeter peu à peu dans le sel les laissant bien fondre ensemble auparavant que d'en mettre de nouveau.

Tout le Soleil étant fondu et dissout par le sel enixe il le faut laisser en bonne fonte trois, 4, 5 ou 6 heures sans plus tant mieux comme serait jusqu'à 15 ou 20 heures, car plus il est au feu et plus la teinture s'exalte ce que étant fait.

Jetez ce sel dans un mortier chaud puis le laissez un peu refroidir et le réduisez en poudre que vous dissoudrez dans trois fois son pesant d'eau de rosée ou pluie distillé, filtrez la dissolution et la mettez dans un grand matras couvert d'un autre faite digérer a feu de sable pendant 8 ou 10 jours ou jusqu'à ce que la dissolution devienne d'un rouge foncé, lors filtrez la teinture et la précipitez avec son propre acide et vous aurez une poudre foncé laquelle vous jetterez sur le Saturne fondu lequel la boira toute, mettez le Saturne à la coupelle et il vous restera de très bon or à la quantité de la poudre et quelque peu plus. Le mercure amalgamé avec cette poudre en fait encore autant ; mais si vous voulez la multiplier en qualité et vertu faites ainsi.

Prenez 10 onces de nouveau sel enixe ou admirable sulfureux bien alcalisé avec des charbon comme il est dit et 1 once de ce soufre d'or mêlé avec demie once de charbon en poudre et procédez comme ci-dessous, laissant en fusion 10 ou 12 heures, jetez votre sel qui sera teint d'un très beau rouge dans un mortier chaud et le pilez, dissolvez le en 3 fois son poids d'eau de pluie distillé, filtrez la dissolution faites digérer pendant 8 ou 10 jours en un matras couvert d'un autre ou avec vaisseau circulatoire dans lequel temps la couleur montera et deviendra tout soufre, lequel il faudra précipiter avec un acide, laver la poudre et la sécher lentement. Elle est fusible après l'avoir passée 3 fois en la manière susdite dans le sel admirable sulfureux et en cet état étant jetée sur le mercure ou Saturne elle le converti en or, ou bien sur la lune cornée que l'on réduit par après avec le Saturne et l'on trouve autant d'or que pesait le corps dont le soufre ou poudre a été fixé.

La Multiplication en quantité se fait en remettant avec Sel Enixe nouveau de la chaux d'Or et de la poudre susdite exaltée ana, avec la moitié de leur poids de charbon en poudre puis les dissoudre, filtrer, digérer et précipiter avec un acide ou esprit de sel de la même boutique et par cette voie vous augmenterez votre poudre en quantité.

## Remarques sur cette Opération.

1° Si dans la première opération vous y ajoutez une partie de soufre doux et rouge de Mars tiré par le sel enixe, il augmentera la teinture de l'or.

2° On peut aussi joindre le soufre de Mars avec la chaux de l'or et la poudre dans la multiplication en vertu et quantité.

3° Notez que par cette même voie en se servant de sel admirable mercuriel l'on peut augmenter et exalter le soufre de la Lune singulier pour le cerveau comme celui de l'or l'est pour le cœur.

4ème Notez que si on laisse longtemps dans un double creuset au feu les sels admirables avec les métaux dissous en iceux comme 10, 12 ou 24 heures ils s'exaltent de telle sorte qu'il n'est pas besoin de les digérer sur le sable, il faut seulement les dissoudre en eau, filtrer. Bouillir puis filtrer derechef puis les précipiter avec leurs acides et ensuite les réduire en corps avec le Saturne.

5ème Notez que le Soleil dans la 2 et 3ème graduation si vous le mettez en corps il devient en couleur de rosette qui résiste à la coupelle.

## Exaltation du Soufre de Mars et Vénus.

Prenez 1 once de limaille de Mars ou Vénus jetez la peu à peu dans 8 ou 10 onces de sel admirable sulfureux fondu avec charbon comme il est dit du Sol et le tenez en fonte 3 ou 4 heures, ensuite jetez le sel dans un mortier chaud, puis dissolvez en eau de pluie, filtrez la solution à 3 doubles, faites bouillir longtemps la filtration afin qu'il se fasse hypostase au fond qu'il faut ôter et que la liqueur devienne rouge et claire, alors précipitez avec un acide ou avec l'eau de la dissolution du beurre de Jupiter et vous aurez le soufre de Mars paru a celui de Soleil qu'il faut encore repasser en nouveau sel enixe deux ou trois fois et sera soufre parfait qui se peut joindre et fixer avec celui du Soleil.

## Moyen de faire le Soufre de tous les Métaux ou l'Electre.

Dissolvez en sel androgyne, Jupiter 1 once, Vénus 2 once, Mars 4 onces, Saturne 4 onces, Antimoine 4 onces, faites fondre le tout ensemble en sorte qu'il ne s'en fasse qu'un régule que vous pulvériserez. Mettez cette matière fondue dans 8 ou 10 fois son poids de sel androgyne, puis faites lessive, filtrez et évaporez et vous aurez un sel imprégné des soufres métalliques.

Versez sue ce sel 8 parties d'eau ignée et distillez dans une cornue et cohobez par 3 fois ou plus parce que tant plus tant mieux et la dernière distillez jusqu'à siccité.

Versez sur le sel resté dans la cornue de l'eau de pluie distillé pour le dissoudre et le soufre métallique se précipitera au fond en un soufre blanc qu'il faut adoucir puis dessécher et réverbérer jusqu'à ce qu'il devienne pourpre ce qui se fait en 8 jours.

Notez que ce Soufre se peut exalter par le moyen du sel androgyne enixe comme il est dit des autres soufres ci devant

Ce soufre fixé peut coaguler l'huile d vitriol en sel métallique. Notez aussi que cette huile de vitriol congelée en sel est le vrai sel des métaux dont on peut faire avec leurs soufres et un mercure, une panacée générale métallique par le moyen de la cuisson philosophique. Le mercure des métaux est cette huile de vitriol concentré et refroidi et leur soufre est le soufre susdit exalté.

## Moyen de volatiliser le Soufre des métaux parfaits.

Dissolvez en sel enixe sulfureuse du Soleil au poids dit dans la panacée Solaire et le laissez en fonte 3 ou 4 heures, jetez le dans le mortier de cuivre dissolvez, filtrez et précipitez en soufre par 2 ou 3 fois. Après cela dans la dernière dissolution, dissolvez-y du sel armoniac et mettez la dissolution dans une cornue avec un ample récipient et l'esprit du sel armoniac passera jaune et se sublimé au col de la cornue un sel rouge le reste qui est resté au fond de la cornue dissolvez le derechef en nouveau sel enixe sulfureuse et dans la lessive dissolvez y du sel armoniac et distillez comme est dit et continuez cette opération jusqu'à ce que tout le soufre de l'or soit passé par le bec de la cornue.

Prenez cet esprit de sel armoniac sulfureux ou urineux teint dès la teinture de l'or et le précipiter avec l'huile de vitriol ou de soufre.

Prenez cette huile de vitriol rouge joint avec l'esprit de sel armoniac et en précipiter un sel enixe spirituel imprégné du soufre de l'or volatil et le décuisez en évaporant le flegme jusqu'à ce que tout soit fixé et vous aurez une teinture ou sel fusible qui est un des grands arcanes pour la médecine.

## Panacée du Soufre vulgaire.

Fondez le soufre vulgaire avec sel de tartre dans un creuset pendant 8 ou 10 heures et en faites lessive, filtrez et précipitez avec vinaigre et vous aurez un beau soufre, refondez le avec le même sel dissolvez et précipitez. Prenez ce soufre dissolvez-le avec sel enixe sulfureux par deux fois puis le précipitez en soufre duquel la teinture sera fixée avec esprit de vin puis circulée et enfin distillée en consistance d'huile, puissant remède a la Pulmonie donné à la dose de 3.4 jusqu'à 6 gouttes en véhicule convenable.

## Moyen de fixer tous les Soufres minéraux et métalliques volatils lesquels peuvent s'unir avec le Soleil.

Fondez une partie de soufre d'antimoine dans 8 ou 10 parties de sel admirable sulfureux, fondez aussi à part dans du même sel au poids susdit du soufre solaire, mêlez et fondez les deux sels ensemble puis les réduisez en poudre et les mettez dans une cornue assez grande et y verser dessus peu à peu six ou 8 fois autant que pèse de sel d'eau ignée (cette eau ignée est l'esprit acide qui sort le dernier en la distillation de l'esprit de nitre avec l'alun) qui est décrite au chapitre du mercure et mettez la cornue au fourneau de sable et faites distiller jusqu'à sec, cette premier eau passe de couleur verte, cohobez cette eau sur le sel qui reste par deux fois et elle sortira claire et sans couleur et la dernière fois donnez bon feu, puis dissolvez la masse de sel dans de l'eau, le sel se dissoudra et le soufre se précipitera au fond en poudre blanche s'il est seul et s'il y a de l'or en poudre en rouge pourpre, faites réverbérer cette poudre 7 ou 8 jours et vous aurez un vrai soufre fixe ou panacée antimoniale solaire.

## Moyen de donner Ingrès aux Soufres exaltés des métaux pour en faire la Projection sur le Saturne ou autre.

Prenez 4 onces de mercure commun amalgamez-le avec 2 onces de Jupiter broyez-les bien ensemble et y joignez 6 onces de sublimé corrosif, broyez bien derechef le tout ensemble, puis mettez dans une cornue a feu doux jusqu'à ce que le mercure fasse du bruit lors retirez la du feu et laissez un peu refroidir et cassez la cornue et votre mercure se revivifiera et la matière se résoudra d'elle-même a l'air en liqueur fort promptement et cette liqueur provient des sels du sublimé qui ont attiré par le feu une quintessence pure de Jupiter propre pour servir d'ingrès en cette sorte aux soufres.

Prenez une part de cette liqueur, 4 parts d'eau forte mêler les deux eaux ensemble et mettez-y dedans une partie du soufre exalté et fixé, puis faites évaporer l'eau forte doucement par la distillation jusqu'à sec et ce qui restera sera poudre ayant ingrés et prête à faire projection.

## Préparation qu'il faut faire au mercure commun auparavant que de le fixer par le Soufre exalté des métaux.

1° Fondez 1 livre de Jupiter dans un creuset ajoutez y demi livre de chaux de mercure ou mercure coulant et faites amalgame, ajoutez à cette amalgame une livre de limaille de fer SSS, broyez le tout en poudre mettez dans une cornue et faites distiller à feu fort et de cette sorte le mercure sera purgé.

2° Fondez une part de Lune avec 2 parts de régule d'antimoine et en faites une poudre très subtile que vous amalgamerez avec su mercure et distillez 7 fois.

3° Joignez avec le mercure du soufre fondu en forme de cinabre puis ajoutez sel de tartre et savon mol et en fait une pâte et en formez des boulettes que mettrez dans une cornue pour en retirer le mercure vif.

4° Prenez 3 onces de régule d'antimoine et de Mars, soleil pur 1 once, fondez en régule puis le mettez en poudre avec laquelle vous joindrez du mercure pour faire amalgame que distillerez aussi par 7 fois.

5° Joignez le mercure avec antimoine en poudre, chaux vive et tartre ana, puis faite distiller par la cornue.

6° La meilleure manière de toutes d'animer le mercure pour le fixer est celle-ci

Dissolvez de l'or 1 once en 10 parties de sel enixe sulfureux par 2 ou 3 fois et a cette solution quand elle sera filtrée ajoutez y 10 ou n12 onces de mercure et l'y laisser digérer par 24 heures et dans ce temps le mercure attire l'or, cela fait versez l'eau par inclination et lavez l'amalgame qui reste et la mettez dans un matras fort à col long a bouillir par l'espace de 36 heures alors l'or se dissout dans le mercure et le mercure devient mercure animé. Ce mercure se transmue facilement de lui-même en or par la méthode suivante.

## Fixation de toutes sortes de mercures en or potable après la préparation susdite.

Tous les mercures doivent être premièrement distillez avec le Jupiter et le Mars comme il est dit ci-dessous puis après ils doivent être animés comme il est dit précédemment, de cette façon ils deviennent tout or spirituel, l'on doit fondre cet or avec sel enixe et mercure et les laisser bouillir ensemble 36 heures dans un matras à col long et de cette sorte vous aurez un mercure animé. Ce mercure sert à faire les teintures comme il a été dit plusieurs fois mais en l'espace de 10 jours et par après il se fixe en or par les manières suivantes.

Prenez 3 ou 4 onces de ce mercure animé, amalgamez les avec 1 once d'or il s'en fait une amalgame sèche qui se doit cuire l'espace de dix jours ou jusqu'à ce qu'il soit parvenu en poudre jaune laquelle on doit jeter dans un bain d'or et de cette façon il se transmue en or mais c'est une racine de fixation que l'on abrège de cette manière.

Dissolvez du soufre de Soleil en sel androgyne une once et dans la lessive dissolvez 1 once de mercure animé ou d'antimoine et le laisser digérer dedans jusqu'à ce que tout soit homogène et que le tout soit précipité en soufre qu'il faut édulcorer et sécher et ensuite fondez le sel androgyne par 24 heures, puis jetez dans le mortier pilez et dissolvez en eau de pluie, filtrez en lessive dans laquelle vous ferez bouillir une amalgame de mercure animé à savoir mercure 3 onces et soleil 1 once, faites bouillir par 24 heures et le tout se fixe en or ayant séparé la liqueur on peut passer de l'esprit de vin par dessus puis jeter la matière sur un bain d'or, ainsi celui d'antimoine, Saturne et tous autres.

## La vraie Teinture de Lili ou Electre ou Soufre des métaux.

Prenez 8 onces de régule d'antimoine, Mars en limailles, Vénus en limailles et Jupiter fin ana 2 onces, Soleil 1 once, Lune 2 onces faites rougir un creuset étant rouge jetez y dedans la limaille de Mars et la faites rougir, puis y jetez dedans le régule d'antimoine lequel étant bien fondu avec le Mars vous y jetterez le Jupiter et Vénus et les laissez en bonne fonte y jetant quelques pincées de nitre, le tout étant en bonne fusion jetez le tout dans un cône et vous aurez un beau régule de toutes les matières dans lequel régule vous fondrez l'or et l'argent.

Prenez ce régule et le réduisez en poudre puis ayez 3 fois autant pesant de salpêtre que vous avez de régule, mettez en 10 onces dans un creuset résistant au feu étant bien fondu et votre régule bien mêlé avec d'autre salpêtre faites en projection peu à peu dans votre salpêtre bien fondu comme dit est et le remuez avec une verge de fer et de temps en temps avec un bâton pour mettre les matières en flux et afin de bien faire fluer mettez de temps en temps du salpêtre et continuez de remuer la matière avec la verge de fer jusqu'à ce quelle devienne épaisse et verte, ce que vous connaîtrez en prenant de ladite matière au bout de votre verge de fer et lorsqu'elle sera en cet état couvrez le creuset et emplissez le fourneau de charbon et le laissez consommer et refroidir la matière dedans ou la retirez lorsque l'on la pourra souffrir et sur le champ tirez-la du pot et la pilez chaudement et la mettez dans un matras, versez dessus de bon esprit de vin bien rectifié qu'il surnage la matière de 3 ou 4 doigts, bouchez le matras d'un autre et le lutez bien, poser-le sur le sable chaud et l'y laissez jusqu'à ce que l'esprit de vin soit bien chargé de teinture des matières. Pour lors versez le par inclination et versez sur les matières d'autre esprit de vin, bouchez le matras et mettez en digestion comme devant et lorsque le dit esprit sera bien teint versez par inclination et y en remettez d'autre et continuez jusqu'à ce que le dit esprit de vin ne se charge plus de teinture.

Mettez ensuite tous vos esprits de vin teints ensemble dans une grande cucurbite et y joignez la chape et récipient et distillez au B.M ou sur les cendres tout l'esprit de vin jusqu'à consistance d'un huile rouge et c'est la vraie teinture du sel et des corps que vous mêlerez avec autant de pur esprit de vin, pour lors mettez cette teinture dans un matras bouché d'un autre et luté et le poser sur le feu de sable ou au bain ou même à la vapeur du bain qui vaut encore mieux à circuler pendant un mois, après filtrez cette teinture au travers du papier gris et retirez votre esprit de vin jusqu'à consistance d'huile, puis remettez de nouvel esprit de vin et faites encore circuler a la vapeur du Bain par l'espace d'un mois après quoi filtrez votre teinture et retirez votre esprit de vin jusqu'à consistance d'huile.

Prenez encore pour la 3ème fois de nouveau esprit de vin et faites encore circuler un mois qui sont 3 mois en tout au bout desquels vous trouverez que votre esprit de vin sera blanc comme quand vous l'y avez mis et aura lâché toute la teinture en huile rouge comme un rubis lequel esprit de vin vous retirerez jusqu'à l'huile laquelle huile vous conserverez dans des bouteilles pour vous en servir en toutes les maladies comme fièvre putride, peste et toutes autres. Ce remède est un trésor pour la santé étant spécifique et Universel.

La dose est depuis dix ou jusqu'à 15 ou 20 gouttes selon la force des malades et ce dans quelques véhicules convenables. Il fera plus d'effet de n'en donner que 10 gouttes à la fois et en donner jusqu'à 3 prises le jour en cas de besoin. Ce précieux remède n'agit que par insensible transpiration, sueurs et urines et non pas par autres voies.

## Remarques que j'ai fait en faisant cette opération.

1° Notez que l'on peut mettre et mêler tout le régule avec salpêtre ensemble puis le fixer comme il faut par les degrés du feu dans un bon grand creuset par l'espace de 10 ou 12 heures, puis mettre en poudre et jeter de l'esprit de vin par-dessus comme il a été dit pour en tirer la teinture.

2° Notez qu'après que l'esprit de vin en a tiré la teinture les fèces qui demeurent et qui ne jette plus de teinture on peut les ressusciter en régule en y mêlant autant qu'il y a pesant de fèces ou céruse de tartre ou gravelle avec la moitié du poids de tartre, de salpêtre et bien mêler le tout ensemble, puis jeter dans un creuset rouge peu à peu jusqu'à ce que tout soit fondu et d'une livre de céruse vous aurez 6 onces de régule.

3° Notez que l'on peut refixer ce régule avec 3 fois son poids de salpêtre et en tirer de nouveau la teinture et réitérer cette opération jusqu'à ce que l'on ait fait passer tout le régule en teinture avec esprit de vin.

4° Notez que vous pouvez tirer une semblable teinture du simple régule d'antimoine et de l'or, à savoir de 10 onces de régule d'antimoine et d'une once d'or observant les mêmes choses que j'ai dit ci-devant qui est un miraculeux remède.

5° Notez que si vous ne voulez pas tirer la teinture avec esprit de vin, mais seulement du régule calciné avec esprit de salpêtre, je veux dire le régule étant bien brûlé et fixé avec le salpêtre jetez le tout chaud dans de l'eau et le faites bouillir trois ou 4 heures puis filtrez et précipitez la lessive avec du vinaigre distillé ou de l'eau qui ait servi à laver du mercure de vie, il se précipitera en céruse blanche comme amidon qui a des grandes vertus. La dose est de 2 jusqu'à 4 grains, elle a les mêmes vertus que la teinture et se prend dans de l'eau de noix sucrée ou autre eau cordiale et jamais dans du vin.

6° Notez que vous pouvez faire la céruse du régule d'antimoine simple sans aucune addition de métaux, laquelle étant brûlée avec le salpêtre au poids susdit donne une céruse blanche comme lait qui est admirable pour les fièvres et hydropisies donnée a la dose susdite dans des véhicules convenables.

## Esprit acide de l'Armoniac et de l'esprit Urineux.

Dissolvez une livre de sel de tartre dans de l'eau et une livre de sel armoniac mêlez les deux solutions ensemble dans un grand alambic, distillez sur le sable et l'esprit urineux d'armoniac montera très fort et le sel fixe sera retenu par le sel de tartre. C'est esprit urineux est excellent aux obstructions agissant puissamment par les sueurs et par les veines, bon aux fièvres quartes. La dose est depuis 10 jusqu'à 20 gouttes dans un bouillon.

Prenez la masse resté au fond de la cornue pilez-la avec 4 parts de terre de pipe mettez en cornue et distillez à feu de réverbère clos par degrés de 6 heures en 6 heures, tirez l'esprit acide et le rectifiez c'est le plus secret dissolvant qui fait monter avec lui le corps dissout il est merveilleusement diurétique en véhicule.

## Concentration de l'esprit de Nitre.

Prenez esprit de nitre préparé comme il est dit ci devant 4 parties, zinc calciné en poudre une partie, mettez dans une grande cucurbite le zinc et versez peu à peu sur le zinc par le trou du chapiteau l'esprit de nitre le remuant de temps en temps par le même trou avec un bâton et le tout se mêlera en partie et lors qu'il ne montra plus d'esprit, sans augmenter le feu vous la jetterez dans une terrine de grès et la remuerez jusqu'à ce qu'elle soit froide et réduite en poudre.

Mettez cette poudre dans une cornue de verre luté et en tirez à feu doux le flegme les fumées rouges commencent à paraître changez de récipient et le lutez, puis augmenter le feu et le continuer jusqu'à ce que tous les esprits soient sortis et que la cornue soit rouge, pour lors laissez refroidir le tout es gardez l'esprit concentré pour vous en servir.

## Concentration de l'esprit de Sel.

Prenez 5 ou 6 onces de pierre calamine en poudre et la mettez dans une cornue lutée, versez dessous 1 livre de sel commun puis le laissez digérer à froid pendant 12 heures puis distillez à feu gradué doux au commencement pour retirer le flegme et quand les gouttes commenceront s'être piquantes changez de récipient et le lutez par les jointures, poussez le feu tant qu'il ne sorte plus rien et vous aurez l'esprit de nitre concentré.

## Moyen de faire l'eau visqueuse sulfureuse ou Alkaest Sulfureux.

Prenez demi livre de sel sulfureux préparé comme il est dit ci-dessous au chapitre du sel et le mettez en poudre dans un creuset d'Allemagne, puis le fondez dans le four a vent étant fondu jetez y dedans peu à peu 1 once de charbon de quelque bon végétal en poudre et lors qu'il aura consommé le charbon, laissez-le une heure en fonte et en prenez un peu au bout d'un fil de fer, s'il es bien rouge comme corail ou pourpre vous le verserez tout chaud dans un mortier de fonte chauffé et le laisserez refroidir pour ensuite le réduire ne poudre.

Mettez cette poudre dans une cornue de verre lutée de grandeur convenable et versez dessus 2 livres de son esprit sulfureux bien déflegmé peu à peu de peur de trop grande ébullition et quand tout l'esprit sera dans la cornue vous la mettrez sur le fourneau de sable et distillerez l'esprit jusqu'à ce que le sel demeure sec au fond de la cornue, ce fait, cohobez l'esprit sur le même sel jusqu'à 7 fois, retirant toujours l'esprit de dessus le sel jusqu'a sec, ensuite versez du flegme du même esprit sur le sel qui es resté dans la cornue.

Faites une livre de sel enixe comme savez, mettez-en 10 onces dans un creuset d'Allemagne en bonne fonte et l'alcalisez avec des charbons, puis y jetez par petits paquets 1 once d'or de départ mêlé avec charbon pilé que le creuset soit couvert, mettant de temps en temps un charbon dans le creuset le tenant ainsi en bonne fusion l'espace de 3 heures dans lequel temps il faut mettre tous vos paquets l'un après l'autre ci-dessus mentionnés après quoi vous laisserez encore en bonne fonte un demi quart d'heure, puis retirerez du feu et verserez promptement dans un mortier de fonte que vous avez fait chauffer auparavant pour empêcher qu'il ne casse pulvérisez votre masse et la mettez dans une cucurbite de verre lutée par le cul environ 2 pouces de haut, faites chauffer de l'eau presque a bouillir et la mettez cuillerée à cuillerée sur votre matière la remuant et continuez de verser de l'eau tant que tout soit dissout après enfouissez la moitié de votre cucurbite dans une terrine pleine de sable qui soit posée sur un fourneau et faites bouillir puis la filtrez et ce qui passera le premier par le filtre sera vert qu'il faut renverser pour le faire passer une seconde fois au filtre pour lui faire prendre la couleur aurée, après précipitez avec son acide. La chaux la plus grossière de l'or se précipitera et le plus spirituel restera avec la liqueur qu'il faut précipiter avec le jus Saturnien, filtrez, vos soufres resteront dans le filtre qu'il faut dessécher a chaleur lente et les garder.

## Pour purifier et fixer ce précipité.

Il faut Faire fondre votre sel enixe et lorsqu'il sera en bonne fonte il lui fait faire dévorer autant qu'il pourra du soufre noir végétable, après versez dans un mortier faites dissoudre dans un vaisseau de verre ou de grès avec l'eau puis faites évaporer et calciner, faites cela jusqu'à 3 ou 4 fois tant que vous voyez votre eau claire comme eau de roche et que l'impureté de votre sel soit précipité, après filtrez et desséchez et vous aurez votre sel alcalisé duquel vous prendrez 10 parts et une part de votre précipité que mettrez fondre ensemble durant 2 ou 3 heures sans y remettre de charbon, puis faites dissoudre, filtrer et précipiter comme devant, faites cela 3 ou 4 fois a chaque fois votre précipité augmentera de couleur tant que en deviendra noir alors il est préparé.

Notre que si vous mettez à part ce qui ce précipitera par le second précipitant c'est le véritable soufre de l'or qui ne se peut jamais mettre en corps et qui passe par le bec de la cornue fondant comme cire duquel mettant une part sur 10 de Lunaire et le mettez cuire il s'en fera une projection.

Notez que si vous mettez de la Lune en lamines bien déliées ou du mercure dans la petite liqueur ci-dessus mentionnée avant la précipitation faite et la faites bouillir 5 ou 6 heures ils se convertiront en véritable or. Que si vous précipitez la Lune comme il s'ensuit elle se convertira beaucoup mieux, parce qu'elle sera dépouillée d'un soufre noir et impur qu'elle a en elle.

Prenez lamines de Vénus bien déliées que vous stratifierez avec sel marin purifié que ce soit dans un pot de terre que vous enfoncerez dans un autre pot plein de sable lequel vous poserez sur un petit trépied ou culotte et l'entourez de briques laissant assez d'espace entre le pot et les briques pour mettre du charbon et y mettez le feu et le laissez refroidir et vous trouverez une masse dans votre pot qu'il faut casser pour en séparer vos lamines lesquelles vous nettoierez et stratifierez derechef avec de nouveau sel, faites cela 8 fois et vous aurez votre Vénus tout à fait blanche et mate rétrécie et dépouillé de son soufre impur.

## Pour fixer les soufres métalliques et minéraux étant extraits par les Sels Enixes.

Calcinez la Lune selon l'Art et lors qu'il sera calciné prenez-en deux parties et une part de Nitre mettez le tout en une bonne cornue, faire de telle sorte que vous puissiez-y adapter deux grands récipients, donnez le feu par degrés et vous aurez une eau rouge qui fume toujours qu'il est bon de concentrer comme il est enseigné ci-devant de laquelle vous vous servirez comme il est dit ci devant au chapitre de la fixation des soufres minéraux et métalliques.

Notez qu'il faut 8 parties de cette eau non concentrée pour une de sel enixe.

Notre que si vous jetez 2 ou 3 grains de Crocus de Mars dans vos sels enixes quand ils sont en fonte avec les métaux ils font précipiter la teinture au fond du creuset en forme de pierre hématite et ainsi par cette voie sèche vous pouvez séparer vos soufres de votre sel.

Nota que la Manganésie dissoute par le tartre et nitre, et versé le plus pur par inclination, puis imbiber d'huile de vitriol mêlée avec de l'eau jusqu'à ce qu'elle ne bouille plus, passe au travers du filtre et ne se précipite pas de soi ni par la liqueur de scilicum, ni par l'eau forte ni par le vinaigre ni par l'acide du sel admirable du sel commun, ni par autre acide, mais par l'esprit de l'ammoniac ou d'urine et étant évaporée, puis desséché et refondu et le sel fondu réduit en poudre et dissout avec 3 parts de feu humide ci-dessus et cohobé 3 fois, puis la matière restante dissoute dans de l'eau, le soufre de la Manganèse se précipitera lequel réverbéré par 8 jours donne une poudre fixe qui est grande médecine, etc.

## Manière se faire l'Huile de Lune.

Faires dissoudre radicalement la Lune dans le Menstrue sec que vous savez, à savoir, 1 part de Lune dans 8 ou 10 du dissolvant à grand feu de fusion durant 3 ou 4 heures, le plus est le mieux et vous aurez une matière très rouge, car la Lune est très rouge en son centre, versez le tout dans un vase de cuivre rouge, puis faites dissoudre dans de l'eau de pluie du rosée distillé, filtrez et réservez ce qui sera dans le filtre qui sera quelque partie de votre Lune qui ne sera pas tout à fait dissoute, laquelle il faut remettre comme devant dans de nouveau Menstrue retirer, dissoudre et filtrer jusqu'à ce que tout passe par le filtre avec la lessive la faisant jeter un bouillon ou deux auparavant de la filtrer, alors vous aurez votre Lune tout à fait spirituelle et volatil qui s'en irait toute si vous la vouliez réduire en corps avec le Saturne.

Notez que cette Lune est or potentiel et spirituel ce que l'on trouve par expérience en la rejoignant avec son corps a la coupelle d'autant que la Lune corporelle que vous y ajoutez retient tout ce qui est de nature d'or qu'elle rend après dans l'eau séparatoire. C'est pourquoi vous prendrez toutes les solutions filtrées qui seront jaunes si les lessives sont faites sans odeur d'autre métal.

Précipitez les entièrement en soufre lunaire de couleur jaune aurée avec un acide que savez et ensuite avec le précipitât qui est le meilleur de tous les précipitants qui est le jus Saturnien qui est la liqueur qui surnage sur le saturne dissout et précipité avec de l'eau salée comme savez.

Edulcorez ensuite ces précipités et retirez tout l'aqueux doucement, séchez légèrement et artistement ce précipité Lunaire auré pour en faire l'opération suivante.

Si vous mettez ce Soufre auré lunaire dans une cornue de verre luté et traitez cette matière comme pour tirer le beurre d'antimoine ou pour passer le mercure par le bec de la cornue sur le sable couvrant de charbons, puis y mettez le feu par bas de tous côtés pour la laisser agir peu à peu et par degrés de cette sorte la Lune passe par le bec de la cornue et dans le col en forme de cristaux longs comme nitre cristallin qui se fond à la moindre chaleur et se congèle dans la main au froid, lors vous aurez un menstrue qui dissout le soufre de l'or même l'or en feuilles radicalement en le mettant dedans à douce chaleur.

Notez que si vous mettez cette lunaire en forme de gomme blanche dans de l'eau de rosée ou de pluie distillée une part sur quatre elle rendra l'eau blanche comme lait et dissout aussi l'or. Ou si l'ayant mise dedans l'eau on la laisse digérer doucement 7 ou 8 jours, puis évaporer doucement vous aurez un sel métallique fusible lequel étant derechef dissout dans l'eau l'or s'y dissout comme le safran dans l'eau et sortant de même qui est une chose très rare et un très grand remède pour toutes les maladies du cerveau.

Notez que quand vous faites passer la lune par le bec de la cornue, son soufre impur reste dans le fond de la cornue et ne monte que les plus pures parties.

Notez qu'elle contient 14 onces de soufre pour une livre de Luna et est or en puissance. Mais elle ne donne que 8 onces de suc lunaire dissolvant l'or lequel elle rend lors volatil en sorte que mettant une part d'or dans dix de suc lunaire le tout passe par le bec de la cornue et se fait un *per minima* de substance, en sorte que la lune qui tend a une plus grand perfection se converti en celle de l'or et de cela il s'en peut faire une poudre de projection étendu par la coction et exaltation du soufre de l'or et de celui de la lune qui est or en puissance, étant de même nature se perfectionnant dans cet ouvrage et passant par les couleurs.

Remarquez que si cette Lunaire était trop corporelle et opaque après la première extraction par la cornue il ne la fait que faire cuire seulement dans un vaisseau de rencontre a feu de sable doux, qu'elle soit seulement fondue par l'espace de 5 ou 6 jours dans ce temps il se fait séparation des parties sulfureuses terrestres et les pures et homogènes s'unissent de sorte que la repassant par la cornue elle passe bien plus pure, claire et subtile et réitérant ce procédé 3 ou 4 fois on la rend extrêmement pure, subtile et spirituelle qui dissout l'or plus promptement et avec plus de facilité.

Mais il y a des voies bien plus délicates et rares comme il s'ensuit. Quand vous aurez donc le soufre lunaire auré par précipitation comme il est dit, il faut le mêler avec autant poids de chaux de Jupiter faite avec le feu seulement ou si vous voulez tirez ce beurre ou cristaux ignées aurez avec ana d'antimoine, les cristaux se dissolvant de soi à l'air et avec cet aimant s'attirent merveilleusement les influences des astres ou le feu de nature, mieux sous le signe d'Ariès qu'en autre temps et il faut noter un grand secret qui est qu'il n'y à point de flegme qui attire pas cet aimant, mais seulement la pure nourriture de la vie ou la viande vitale Ignée qui est cachée dans le centre de l'air ce que vous trouverez véritable si dans cette liqueur vous y mettez quelque parties aqueuses lesquelles ne se mêleront nullement, mais elles nageront en forme hétérogène comme du lait.

Il faut dépurer d'avantage cette liqueur bénite qui est Lunaire simple dans laquelle l'or se résout facilement, car de cette lunaire corporelle il faut faire la Lunaire Spirituelle ainsi qu'il s'ensuit.

Mettez cette Liqueur dans une cucurbite de verre et y adaptez la chape et récipient à feu doux de cendres chauffez par une douce lampe pendant un mois Philosophique, les premiers quinze jours ou davantage rien ne montra, mais ce sera la mer rouge et la matière ce mûrira et après cela vous verrez qu'avec ce feu lent l'âme métallique montra insensiblement sur les plumes du vent ou esprit du monde et tomberont dans le récipient comme des larmes qui sont les Larmes de Diane. Cette liqueur est beaucoup plus précieuse que l'or pur et de très grandes vertus, continuez la distillation tandis que l'archée de nature le chasse ce qui se fait en 50 jours au plus.

Dans cette opération se fait ce qui dot Hermès, tu sépareras le subtil de l'épais doucement avec grande industrie, cette distillation est tout à fait naturelle et toute autre distillation ne vaut rien a cette opération. Cette liqueur est la Lunaire Spirituelle qui contient en soi corps, âme et esprit, c'est l'eau de Paradis, l'eau de la sphère de la Lune, l'eau bénite de Mercure par Mercure. La fontaine Métallique Universelle. C ?est un antipileptique très certain, si on en met une ou deux gouttes en 4 onces d'esprit du lit, car c'est tout feu qui tourne l'Élément humide de l'esprit de vin comme lui étant contraire ou du moins connaturel.

## Pour faire la Pierre Métallique par soi de cette Lunaire Spirituelle.

Mettez cette liqueur Lunaire tirée de l'air dans un matras ouvert ou pour faire plus promptement dans une petite cucurbite de verre ouverte et évaporez durant 24 heures à feu de lampe sur cendres, s'il y a de l'humidité aérienne elle s'évanouit et il vous restera au fond de la cucurbite la gomme métallique ou gluten lunaire, l'azot exalté qui se liquéfie à la moindre chaleur comme du beurre et se congèle au froid en forme de glace ou cristal. Mettez cette gomme dans un matras que vous scellerez hermétiquement et cuirez par soi, elle deviendra noire, puis blanche et est lors la Pierre au Blanc et l'emploierons sur les imparfaits métaux qu'elle teint en blanc.

Augmentez le feu, elle deviendra citrine, puis rouge et cela sans ferment solaire et de la sorte le Roi se fait de la Reine ou l'inversion de la lune en teinture solaire.

Mais pour abreuver l'œuvre ajoutez à cette gomme ou Gluten ou humide radical Métallique une dixième partie d'or en feuille ou de Soufre d'or rendu spirituel par le sel Enixe Sulfureuse et cuisez comme dit est.

L'augmentation de la Pierre se fera par addition de nouveau gluten métallique.

Notez que si vous cuisez le mercure dans cette Lunaire Spirituelle il s'y fixera en fine lune et si vous mettez une goutte de cette lunaire ou liqueur dessus une lamine de cuivre rouge elle sera perforée de part en part.

Notez que ce qui reste après avoir distillé la Lunaire Spirituelle est un aimant éternel et pour cet effet liquéfiez-le derechef a l'air et le ménager comme ci devant à la lampe, puis distillez une liqueur éthérée qui est encore imprégné de l'âme lunaire et tombe dans le récipient, puis vient de nouveau en faisant évaporer le flegme en gluten et ceci se fait de la sorte à l'infini.

Notez aussi que cet aimant qui reste après avoir servi, se peut distiller et vous aurez premièrement une huile Lunaire blanche qui est l'huile de talc des Philosophes. Car la véritable huile de Talc est la lunaire coagulée par soi et fixé en pierre blanche fixe et douce, secondement vous aurez l'huile rouge en augmentant le feu.

Or si vous voulez faire la Pierre de ces matières préparées, prenez une partie d'huile rouge, quatre parties d'huile blanche et huit parties de lunaire réduite ne gluten, mêlez-les bien ensemble et mettez dans un matras, cuisez jusqu'à ce que le tout soit fixé au blanc et puis après continuez jusqu'au rouge.

Cette médecine ne se doit pas fermenter car est la véritable âme métallique réduite en teinture, cette dernière coction se fait dans l'athanor à feu de charbon.

Notez que la simple Lunaire corporelle passée par la cornue dissoute dans l'huile d'ammoniac, fixé et coagulée fait une poudre de projection qui converti autant pesant de mercure commun, comme était le corps dont elle à été tirée mais sans profit.

Notez encore que cette même lunaire cuite 40 jours et putréfiée, dissoute après cette putréfaction dans de l'eau filtrée et coagulée, converti le mercure commun un poids sur dix.

Notez que le véritable Soufre de l'or est l'or ouvert par le sel enixe sulfureuse, puis précipité comme vous savez, adouci et passé en gomme rouge par le bec de la cornue comme a été dit de la lunaire ci devant.

Notez qui a la première préparation de la lunaire avec le sel enixe, il faut bien alcaliser le sel et mettre la lune en menue grenaille avec la poudre de soufre végétable comme est dit de l'or.

Notez que si on veut il n'est pas besoin de filtrer et coaguler le sel tiré de *fulmen jovis*, mais on s'en peut servir après la détonation comme il est pour ouvrir la lune, laquelle aussi se précipite d'elle même ou bien pour le mieux il faut bien alcaliser le sel du *fulmen* après la détonation, puis de dissoudre et précipiter ce soufre du charbon avec le précipitant du fixe saturnien ou acide que savez, puis filtrer et coaguler le sel après l'avoir réverbéré trois ou quatre jours à feu doux de réverbère.

Nota que plus le sel enixe est nitreux et plus il rend la lune volatile et par cette raison le sel admirable u nitre fait par l'huile de vitriol vaut mieux que le sel du *fulmen*.

## Remarque sur la Panacée Aurée Antimoniale.

Remarquez que l'eau de pluie distillée est la plus excellente pour faire les dissolutions de vos sels Enixe admirable.

Notez que votre sel étant alcalisé il le faut dissoudre, filtrer, coaguler et calciner par trois fois pour le bien épurer de son soufre végétable ou pour le mieux le précipiter avec de l'acide de l'huile de vitriol mêlé avec eau ou avec son propre acide.

Notez qu'au lieu de précipiter votre dissolution de sel enixe qui a mangé votre régule et or il la faut dissoudre dans l'eau ignée pour la fixer comme il est dit dans le procédé de la fixation des soufres exaltés et la dissoudre après dans l'eau spécifique à chaque maladie, puis la réverbérez 7 ou 8 jours comme il est dit au chapitre de la fixation des soufres.

Notez que s'il reste quelques fèces dans le filtre en la dissolution du régule dans le sel enixe, il les faut redissoudre dans de nouveau sel jusqu'à ce que le tout soit passé.

Notez que le sel mercuriel admirable est le sel enixe fait avec le nitre ou le sel de tartre imbibé d'esprit de vitriol qui se ressuscite en salpêtre dont on fait le sel admirable avec l'huile de vitriol. Et le sel admirable sulfureuse est celui qui est faite de sel commun avec huile de vitriol ou de sel de tartre imbibé d'esprit de sel dont on fait aussi un sel admirable avec l'huile de vitriol.

## Antipeste.

Prenez du sel admirable qui a dissout du Sol, jetez dessus étant en poudre dans une cornue un dissolvant fait d'esprit de vin et d'esprit de sel armoniac ana, digérez une heure puis distilles, il passera une liqueur rougeâtre et à la fin il se fait du sublimé rouge d'or, ou sans esprit d'ammoniac il suffit de joindre de l'esprit de vin et de l'armoniac dissout dans de l'eau royale.

## Autre contre la peste et suffocation de matrice.

Prenez esprit de vin et esprit d'armoniac et tartre ana, faits comme ci devant est fait. Notez qu'on peut joindre le sublimé rouge à la liqueur distillé.

## Pour rendre les Sels Enixes fusibles.

S'il arrive que vos sels enixes ne soient pas fusibles comme ils doivent l'être pour vous en servir, il ne faut que cohober plusieurs fois de leurs propres esprits sur les sels.

## Panacée doré d'Antimoine.

Elle se fera comme il est enseigné ailleurs en dissolvant l'or avec double poids de régule d'antimoine, pulvériser le tout et le dissolvez en sel enixe sulfureuse, laissez-les y fondre ensemble durant 4 heures, versez en eau et précipitez et lavez-le soufre de toute acrimonie et votre panacée sera faite, qui se donne depuis un grain jusqu'à deux et sera un grand cordial et grand purgatif, mais c'est une rude opération et il sera mieux de le faire comme s'ensuit.

## Panacée des Panacées dorée d'Antimoine.

Prenez mercure coulant d'antimoine comme il sort de ses fleurs, puis le dissolvez en huile de vitriol, tirez-en l'huile et en remettant de nouvelle continuant ainsi jusqu'à 4 fois après laquelle quatrième faite vous la cohoberez et finalement la fixez un peu exalter. Le mercure précipité se réduira en poudre rouge. Dissolvez cette poudre rouge en sel enixe mercuriel, dissolvez aussi la panacée ci-dessus en sel enixe sulfureuse, versez-les à part et séparément en vaisseau d'airain en eau chaude, filtrez, puis les mêlez ensemble et digérez un jour entier, puis après précipitez-les en poudre rouge, lequel soufre vous ferez dissoudre derechef en sel enixe sulfureux, versez dans de l'eau et filtrez la liqueur et dans cette liqueur mettez digérer du mercure d'antimoine et il se fixera tout en or comme aussi la lune.

Réservez donc une partie de cette liqueur pour la transmutation et l'autre partie précipitez-la en panacée dont la dose sera d'un ou deux grains dans les maladies vénériennes ou elle fait des miracles.

Nota qui cette panacée se peut circuler avec esprit de vin et s'exalte beaucoup pour réduire en teinture.

## Mercure et Lune en Soleil par cette panacée.

Précipitez le beurre d'antimoine en mercure de vie, mêlez le mercure qui est passé avec le beurre avec la poudre ou mercure de vie et on faites des boules avec savon noir et un peu de sel de tartre, mettez ces boules dans une cornue lutée et poussez jusqu'à fonte et vous aurez au fonds de la cornue un régule spirituel claie comme argent de quoi on fait la Panacée en cette façon.

Prenez de ce Régule 3 parts, d'or pur une part fondez-les ensemble puis les retirez du feu et étant refroidis réduisez-les en poudre laquelle vous fondrez dans une grande quantité de sel enixe et vous aurez un sel rouge comme cire d'Espagne, dissolvez ce sel, filtrez et gardez la filtration.

Le régule qui reste dans le filtre dissolvez-le dans de nouveau sel enixe et le tenez en fonte par quatre heures jusqu'à ce que le régule soit bien fondu, dissolvez et filtrez, puis joignez la filtration avec la première puis les précipitez avec esprit de sel rectifié en soufre rouge que vous dessécherez et c'est la panacée, laquelle étant donnée depuis la dose de 2 ou 3 grains à toutes maladies jusqu'à 6 grains les guéri radicalement.

Dissolvez cette panacée en sel enixe puis filtrez la dissolution et dans icelle mettez des lamines de lune fort déliées et digérez 24 heurs en lieu chaud et il se transmutera en or.

Notez 1ᵃ que si le régule es fait avec le simple beurre d'antimoine il fixe le mercure et ne transmue pas si bien la lune.

2°. Que si dans la distillation du beurre d'antimoine vous y mettez une quatrième partie de limaille de fer, le beurre passe rouge qu'il faut précipiter et réduire en régule spirituel qui est bien plus tingent.

3°. Que si vous dissoudrez la lune dans un sel enixe mercuriel et joignez cette dissolution avec celle de la panacée elle se transmue en or plutôt et mieux.

4° Vous pouvez aussi préparer votre beurre avec limaille de Mars et Vénus ou crocus de Mars et vert-de-gris.

5° Que la liqueur de la solution de la panacée dans le sel enixe fixe tous les mercures.

6° Que le Régule de Mars spirituel et celui de Vénus unis ensemble ana et en prendre trois parties contre une de Soleil, puis fondus, on les peut aussi réduire en panacée comme il est dit.

7° Que pour spécifier la panacée il faut alkaliniser le Sel Enixe avec les charbons faits de végétaux spécifiques au mal et faire la dissolution de sel enixe dans l'eau distillée du même végétale.

8° Qu'il faut six parties de poudre Emétique contre une de mercure sorti avec elle pour faire le Régule Spirituel.

9° Que le sel admirable spirituel est fait de l'esprit qui sort en faisant un sel enixe.

Que si vous mêlez le soleil et la Lune dans les régules spirituels, à savoir la lune dans celui de Vénus et le soleil dans celui de Mars, il les faut dissoudre et réduire en soufre avec le sel androgyne.

Qu'il faut quand vous faites la revivification du mercure de vie en régule, 8 parties de mercure de vie contre une de mercure.

Qu'il faut que le bec de la cornue trempe dans l'eau et qu'il faut donner le feu de roue et quand il ne jette plus de bouillon il faut augmenter le feu pour faire fondre la matière, puis étant fondu laisser refroidir et trouverez votre régule.

Que si vous n'avez pris que deux parties de votre Régule et une de Soleil fondus ensemble, puis réduits en poudre et mêlé avec autant de charbon et jetez par petits paquets dans 8 ou 10 fois autant de sel enixe sulfureux, puis dissolvez, filtrez et précipitez avec son propre acide.

Notez que ce Régule Spirituel étant mêlé avec une partie d'or et fondus ensemble puis réduits en poudre et mêlés avec trois fois autant de mercure sublimé passe tout en beurre par le bec de la cornue qui fait merveilles.

Notez que quand vous faites votre beurre pour en avoir d'avantage peu de Cinabre, il faut mettre la cornue avec toutes les matières qui sont dedans 8 ou 10 jours à la cave et le beurre montra tout violet qui est le soufre et il se sublimera peu de mercure en cinabre.

Notez que mêlant la quatrième partie de mercure avec la poudre émétique pour faire le régule spirituel, la panacée faite de 3 parts de ce régule et d'une d'or passé en sel enixe sulfureux et précipitée, donnée à la dose de 10 grains, guérit la vérole et donne un flux de bouche doux.

## Pour tirer le Soufre de Vénus.

Prenez six parties de vitriol de Vénus calciné à rougeur, une partie de sel commun et une de mercure, mêler le tout ensemble et sublimez selon l'Art, en réitérant jusqu'à trois fois, puis prenez vinaigre distillé dans lequel vous éteindrez du Mars et dans ce vinaigre imprégné de Mars vous y dissoudrez votre sublimé et le mercure se revivifiera et le soufre de Vénus s'unira au vinaigre.

## Esprit doux de Mars qui fixe la Lune en Soleil.

Prenez une partie d'huile de vitriol de 6, 8 ou 10 parties d'eau commune, jetez cela sur de la limaille de fer ou aiguilles dans une haute cucurbite qui sera sur du sable tiède, adaptez-y aussi fort le chapiteau et récipient. Mais il faut bien prendre garde que rien d'acide ne monte.

Prenez cet esprit doux et le mettez dans un matras a long col avec un autre adapté à l'embouchure, digérez 24 heures ou plus jusqu'à ce que l'eau n'ait plus d'odorat.

Il faut distiller fort doucement toute l'eau aqueuse et douce parce qu'elle sort toute. D'une livre d'eau il se précipite 2 ou 3 grains d'une poudre fort rouge.

Il faut distiller toute l'eau douce qui pourra sortir par l'alambic pourvu qu'elle ne monte pas acide ce que l'on empêchera en y mettant beaucoup de limaille et peu d'huile de vitriol.

Pour retirer l'huile de vitriol il faut mettre des cailloux calcinés avec ce sel de Mars qui est au fond et la pousser violemment par la retorte alors vous aurez une huile concentrée qui sert toujours à d'autres opérations y mettant beaucoup d'eau.

Prenez une dissolution de Lune, jetez-la dans cette eau douce avant que de la mettre en digestion, puis digérez ensemble 24 heures, la lune attirant la teinture se fixera en partie et cette lune étant précipité et réduite en corps ou plutôt la liqueur étant distillée, puis la lune réduite en corps et redissoute en eau forte donne de l'or.

Notez que la liqueur douce devient bleue par la digestion en 24 heures puis elle se précipitera. Il s'en doit faire autant de Vénus. Cette teinture rouge et fixe étant unie avec une dissolution d'or et l'or unis en corps demeure frangible, il faudrait en tirer de Vénus et de mars et puis les joindre avec un dissolvant d'or sans corrosif, comme avec beurre d'antimoine ou beurre de

Jupiter et les joindre et fixer ou les mettre avec le sel admirable et procéder comme il est dit ci-dessous.

## Arsenic fixe.

Prenez arsenic et le fixez avec 3 parties de salpêtre, prenez cet arsenic et le dissolvez dans de l'eau, puis jetez dans autre lessive autant d'huile de vitriol qu'il y a de sel d'arsenic dissous, puis distillez l'esprit comme pour faire un sel admirable jusqu'à sec, fondez ce sel et passez de l'eau Ignée dessus et vous aurez un arsenic fixe et irréductible dont vous ferez un mercure philosophique en cimentant avec celui et du mercure de lune corporel des lamines de Vénus. Ce Vénus dissout en eau forte donne une poudre fixe qui demeure à la coupelle qui peut teindre le verre en rouge.

## Extraction de l'Ame de l'Or, convertissant le Mercure en or par projection.

Prenez sel enixe dix onces, charbon en poudre une once, faites rougir dans un creuset une once d'or en chaux (nota : rouge comme est dit ci-après) et jetez dessus peu à peu et par cuillerées le susdit sel et charbon les faisant bien fondre et incorporer ensemble continuant la fusion 3 ou 4 heures, versez alors votre matière fondue dans un vase de cuivre rouge, alors vous les pulvériserez promptement et ferez dissoudre dans trois fois autant d'eau de pluie ou commune, faites un peu bouillir et filtrez chaudement ainsi vous aurez une eau de couleur jaune orangée.

Notez que si dans cette eau jaune vous jetez du mercure puis faites évaporer jusqu'à siccité il vous restera un sel rouge sur lequel il faut jeter de l'eau chaude laquelle prendra tout le sel et votre mercure se trouvera converti en or pas fait. Mais pour l'article ci-dessous continuez ainsi.

Ayant votre eau jaune bien filtrée, évaporez-la sans y rien ajouter jusqu'à consistance de sel rouge, alors vous verserez dessus de l'esprit de vin et ferez un peu digérer pour en tirer la teinture, continuant à remettre dudit esprit de vin jusqu'à ce que ne tire plus de teinture, alors évaporez doucement avec un alambic pour ne pas perdre l'esprit de vin, jusqu'à consistance d'huile et ce sera un vrai or potable propre à toute sorte de maladie pris en un véhicule convenable ou si vous voulez faire évaporer jusqu'à siccité vous aurez une poudre rouge qui est l'âme ou teinture de l'or au fond de votre alambic, laquelle projetant sur du mercure elle le convertira en or aussi parfait que le premier. Et pour ce qui est du corps du soleil il est resté dans le filtre par ou a passé la susdite eau orange.

Nota. Si vous la refondez 2 ou 3 fois en de nouveau sel enixe en faisant comme est dit ci-dessus, puis la projetez sur le Saturne fondu en creuset ou autre corps métallique elle en convertira autant en or que pèse le corps d'où elle a été tiré.

## Pour faire le Sel Enixe mentionné ci-dessus.

Prenez sel commun décrépitez, dissolvez, filtrez et coagulez, ce sel étant ainsi purifié prenez une livre et le faites dissoudre dans 3 livres et demi d'eau commune distillé, filtrez ensuite cette eau et y ajoutez peu à peu et dans un vaisseau un peu grand à cause de l'ébullition une livre d'huile de vitriol. L'ébullition étant cessé faites distiller à feu de sable, séparez le phlegme qui viendra le premier si vous faites feu doux au commencement et gardez ce qui montera d'acide et quand le tout sera distillé vous trouverez la tête morte au fonds de la cucurbite qui est le véritable sel Enixe ou admirable pour dissoudre tous corps.

Notez qu'il faut remettre sur votre sel admirable l'acide qui est monté avec nouvelle huile de vitriol et distiller comme devant, remettant de même jusqu'à 4 ou 5 fois, tant plus vous réitérerez et meilleur sera votre sel enixe et plus fondant.

## Concentration de l'Huile de Vitriol ci-dessus nécessaire par l'Antimoine.

Prenez demi-livre d'antimoine ou une livre si bon vous semble, pulvérisez-le subtilement et le mettez dans une cornue lutée y ayant ajouté auparavant une livre de bonne huile de vitriol, donnez quelques heures de digestion, puis feu violent et sortira une liqueur rouge qu'il faudra cohober 4 ou 5 fois sur le même antimoine pour avoir ladite huile rouge dans sa perfection.

Notez que c'est de cette huile qu'il faut faire le sel enixe ou admirable ci-dessus.

## Pour la dissolution du Soleil précipiter métaux rouge.

Faites dissoudre le soleil dans du bon esprit de sel ou eau régale puis le précipitez dans l'eau suivante imprégnée du beurre de Saturne, Jupiter et Antimoine ainsi qu'il suit.

## Pour faire le beurre de Saturne, Jupiter et Antimoine.

Prenez eau forte une part, eau commune deux parts, dissolvez-y de la limaille de saturne précipitez le clair avec eau salée puis séchez la chaux, joignez cette chaux avec autant de chaux de Jupiter, faites avec le feu seulement, et mettez dans une cornue avec autant d'antimoine pulvérisée et distilles à la manière du beurre ordinaire d'antimoine ce beurre dissout le soleil sans corrosion.

C'est avec ce beurre dissout en suffisante quantité d'eau commune que l'on précipite le soleil en poudre rouge dont étant adoucie par ablution on peut faire un soleil potable ainsi qu'il est dit ci-dessus.

## Annotation sur le sel enixe ou admirable.

Note que si vous savez séparément dissoudre le soleil et la Lune ana par le sel susdit avec charbon broyé puis mêler et dissoudre en eau que sans filtrer ajouter autant pesant de mercure digérer un ou deux jours naturels puis ayant séparé le sel fondre le résidu dans un creuset, vous aurez votre soleil, Lune et mercure homogènes et convertis en soleil, mais il y a du soufre de Mars ou Vénus a ajouter si vous voulez qu'il soit ainsi teint à même temps autrement il suffirait bien les épreuves mais il serait peu coloré.

## Autre extraction de l'âme du Soleil.

Dissolvez le soleil dans l'esprit de sel commun et de nitre ana, retirez l'esprit par distillation, puis avec nitre, soufre et charbon, fulminez la chaux du soleil dont les sels retiendront la teinture laquelle vous retirerez par l'esprit de vin par digestion, puis ayan évaporé doucement l'esprit de vin il vous restera la seule âme ou teinture du soleil propre a projeter sur le mercure commun.

## Minière de Lune.

Faites calciner une livre de tartre avec 2 livres de nitre, jetez cela tout chaud dans trois livres d'eau de vie et quand il sera dissout filtrez et faites évaporer, puis jetez ce sel tout chaud dans trois livres de bon esprit de vin rectifié et du meilleur, digérez et distillez trois fois, en recohobant sur les fèces et le tartre passera (Nota :

partie du sel de tartre passera avec l'esprit de vin) en eau avec l'esprit de vin, gardes cette eau.

Prenez ensuite une once d'argent de coupelle en limaille, deux onces de sublimé et trois onces de ce sel préparé mêlant le tout ensemble et faites sublimer mettant à part ce qui est sublimé et lavez ce qui est resté au fond du vaisseau avec eau chaude pour en ôter le sel.

Prenez ensuite ce qui est lavé et le mêlez avec une autre once de lune de coupelle en limaille, deux onces de sublimé et trois onces de sel préparé, faites sublimer comme vous avez fait et mettez ce qui sera sublimé avec le premier. Lavez les fèces comme ci-dessus et étant sèche les mettez une troisième fois avec une autre once d'argent en limaille, deux onces de sublimé et trois onces de sel préparé, faites sublimer comme ci-dessus et mettez ce qui sera sublimé avec l'autre et lavez encore les fèces avec eau chaude pour en ôter tout le sel.

Alors ces fèces étant sèches mêlez-les avec le sublimé que vous avez ci-devant mis à part et mettez le tout dans une cornue avec une livre de l'eau susdite faite de tartre et d'esprit de vin rectifié, faites digérer puis distillez et cohobez jusqu'à 5 ou 6 fois et la dernière fois poussez fortement le feu sur l fin et la lune passera en eau avec l'esprit de vin et quand tout sera passé gardez cette eau précieusement car en mettant huit onces de mercure commun lavé e purgé dans cette eau il deviendra en peu de temps poudre grise (et tant que vous y en mettrez il deviendra poudre grise).

Pour lors faites sécher ladite poudre et la fondez avec du salpêtre et borax jetez en lingot et vous en trouverez la moitié qui sera or blanc que vous séparerez par l'eau forte acuée de sel armoniac.

## Des qualités du Zinc.

Le zinc est un minéral admirable qu'on à trouvé par l'anatomie spagyrique être un pur soufre d'or qui n'est pas mûr, étant mis sur les charbons ardents il s'enfuit soudainement étant en flamme, une part duquel brûle comme soufre avec une flamme d'autre couleur et rend de très belles fleurs blanches. Dont l'usage est en Glauber, étant données depuis 4, 5, 6 jusqu'à 12 grains, elle provoque grandement la sueur et quelquefois le vomissement et les selles selon la disposition du mal.

Les vertus de ces fleurs mises en usage dehors font des effets incroyables. On m'en saurait trouver des meilleures car elles ne consolident pas seulement avec promptitude la chair des plaies nouvelles mais aussi des vieilles, tells que sont celles qui jettent de l'eau en quoi elles surpassent tous autres médicaments.

On s'en peut servir en diverses façons mettant de la poudre seule par dessus puis un emplâtre septique ou en faire un onguent avec miel et le mettre aux blessures, on les peut faite bouillir avec onguent en consistance dure pour en faire des suppositoires à mettre dans les blessures puis les couvrir d'une emplâtre et se garder de l'air. Étant appliqué de cette façon elles guérissent fondamentalement, étant aussi mêlées avec les emplâtres elles font des merveilles. Voyez le reste en la première partie des fourneaux philosophiques de Glauber en la seconde partie voyez ce qu'il dit du zinc.

Du Zinc on en distille un esprit volatil et un esprit acide dont celui-là est bon pour le cœur, soit qu'il soit fait par l'esprit du vitriol ou du sel commun ou d'alun car le zinc est de la nature de l'or. Il enseigne en un autre lieu de cette même partie le moyen de faire l'esprit, les fleurs et l'huile de zinc, le mêlant avec sel nitre.

## Huile douce de Vitriol très grand remède.

Prenez de l'huile de vitriol et de l'esprit de vin ana, mettez-les circuler pendant deux mois au fumier, puis retirez par le bain l'esprit de vin et ensuite graduant le feu vous retirerez confusément deux liqueurs, lesquelles se sépareront incontinent après dans le récipient, l'une desquelles ira au fond claire et insipide comme de l'eau de roche et l'huile nagera dessus grasse et plus couverte en couleur ; laquelle vous séparerez par l'entonnoir.

Vous jetterez l'eau qui est inutile et conserverez précieusement cette huile douce pour la Médecine.

## Vertus de ladite Huile.

Contre toute pourriture qui se peut engendrer au corps humain et singulière contre la peste.

Contre les passions et affections des poumons causées d'impuretés grossières visqueuses. Elle guérit la pleurésie et toutes sortes de toux, ne soufre aucun calcul aux reins ni dans la vessie et même en guérit les ulcères s'il y en a.

La dose est de deux ou trois gouttes avec un peu de vin ou bien mêlée avec des tablettes faites de sucre.

Notez qu'il faut conserver cette huile dans une bouteille bouchée parce qu'elle s'évanouit facilement à cause de la subtilité de ses parties.

Notez, aussi que d'une livre d'huile de vitriol l'on n'extrait que six drachmes de cette précieuse huile douce.

*In arcanes habetanam est singulare artis mysterium et securum deficientis naturae levanen.*